Lothar-Rüdiger Lütge

Gott ist Person!

Warum es wichtig ist, Gott als ein ewiges,
unveränderliches Individuum zu begreifen.

Nach gut vier Jahrzehnten intensiver Beschäftigung mit unterschiedlichen Philosophien, Religionen und Weisheitslehren lautet das Resümee: Gott ist Person! – und jeder Mensch ist ein ewiges Individuum, das mit Gott, dem absoluten Individuum, in einer direkten, persönlichen Beziehung steht.

Welcher Art diese Beziehung ist und wie sich diese konkret gestaltet, das bestimmt jeder einzelne Mensch selbst. Sein freier Wille erlaubt es ihm, sich Gott in Liebe zuzuwenden, ihn zu ignorieren, oder ihn gar abzulehnen. Genau das ist das Ergebnis der hier aufgezeichneten Wahrheitssuche!

Vielleicht können die gewonnenen Erkenntnisse und Überlegungen den einen oder anderen Leser ein wenig inspirieren, sich selbst auf die Suche nach der Wahrheit zu machen. Es lohnt sich! Denn Gott liebt uns und darum ist er bereit, sich von denen, die ernsthaft und aufrichtig nach ihm suchen, finden zu lassen!

Lothar-Rüdiger Lütge

Gott ist Person!

Warum es wichtig ist, Gott als ein ewiges, unveränderliches Individuum zu begreifen.

Zweite, überarbeitete und erweiterte Auflage

Herstellung und Verlag
BoD – Books on Demand, Norderstedt

ISBN: 9 783744 820004

Niemand ist hoffnungsloser versklavt als jene, die fälschlicherweise glauben, frei zu sein.

(Johann Wolfgang von Goethe, 1749 - 1832, Dichter, Naturwissenschaftler, Staatsmann)

Inhalt

Einführung

Ob wir an Gott glauben oder ob wir es nicht tun, hängt von unserem Weltbild ab. Und auch die konkrete Vorstellung, die wir von Gott haben, wird durch unser Weltbild bestimmt.

Jeder Mensch betrachtet sich selbst und die Welt, in der er lebt, durch eine getönte Brille ganz bestimmter Grundüberzeugungen. Dies gilt sogar für jene Menschen, die sich nie mit religiösen oder philosophischen Fragen befasst haben. Auch wenn man für sich in Anspruch nimmt, eine ganz und gar ungefärbte und nüchterne Sicht der Dinge an den Tag zu legen, ist man dennoch durch seine Grundeinstellungen geprägt. Eine quasi neutrale Betrachtung der Welt und der Wirklichkeit ist nämlich gar nicht möglich. Man muss gezwungenermaßen von bestimmten Grundannahmen ausgehen, wenn man das, was man beobachtet und erlebt, verstehen und einordnen will.

In unserer westlichen Kultur ist die heute übliche und am weitesten verbreitete Grundlage zum Verständnis der Welt der Materialismus. Dieses Weltbild dient ganz selbstverständlich als Fundament für all das, was an Schulen und Universitäten gelehrt wird, und es steht hinter dem sogenannten Mainstream der veröffentlichten Meinung.

Menschen, die eine Alternative zum Materialismus suchen, finden diese zumeist in den unterschiedlichen Spielarten des Spiritualismus. Zur Palette des Spiritualismus gehören zum Beispiel der Buddhismus, die unterschiedlichen Yoga- und Meditations-systeme, die Theosophie, die Anthroposophie und der große Bereich der modernen Esoterik.

Das verbindende Element zwischen beiden Welt-anschauungen ist die Tatsache, dass beide Er-kenntnissysteme, also sowohl der Materialismus als auch der Spiritualismus, nur Spielarten des Monismus sind. Der Monismus reduziert „Alles, was ist" auf eine einzige Ursache. Beim Materia-lismus gilt die Materie als diese einzige Ursache und beim Spiritualismus erfüllt den gleichen Zweck der Geist.

Und der Monismus verbirgt noch eine weitere Be-sonderheit: Er ist nämlich zwingend eine atheisti-sche Weltanschauung, ohne feste Werte und Nor-men.

Ein personaler Gott, also Gott als Person, kommt daher weder im Materialismus noch im Spirituialis-mus vor. Während der Materialismus Gott voll-ständig ignoriert, beschreibt der Spiritualismus Gott zumeist als eine neutrale, wesenlose Energie. Und da weder aus toter Materie noch aus neutraler Energie irgendwelche Werte oder Normen abgelei-tet werden können, gibt es sie in beiden Weltan-schauungen auch nicht! Mit der Folge, dass wir heute, in der westlichen Welt, in einer mehr oder weniger gottlosen Kultur ohne allgemeinverbindli-che Werte und Normen leben!

Abhilfe schaffen kann nur ein neuer Blick auf die Wirklichkeit, mit dem wir die Welt und „Alles, was ist" aus einer anderen Perspektive sehen. Diese alternative Sichtweise bietet der Theismus. Mit dem Theismus wird Gott als Person in den Mittelpunkt des Seins gerückt. Er wird als das ewige, unveränderliche Individuum erkannt, dem unsere Welt und jeder Einzelne von uns seine Existenz verdankt.

So ungewöhnlich die Aussagen des Theismus in unserer heutigen Zeit zuerst auch klingen mögen: Sie machen durchaus Sinn und sie sind schlüssig und nachvollziehbar herzuleiten. Genau dies soll in den drei nachfolgenden Kapiteln geschehen.

In kurzen und prägnanten Beschreibungen werden die Weltbilder des Materialismus, des Spiritualismus und des Theismus vorgestellt. Ihre Grundlagen werden erörtert und ihre Besonderheiten aufgezeigt. Und insbesondere wird der Frage nachgegangen, welche konkrete Bedeutung all das für jeden Einzelnen von uns hat – in Bezug auf unser Leben, auf unsere Kultur, auf unser Verständnis von Gott und auf unsere persönliche Beziehung zu ihm.

Ergänzt werden die philosophischen Betrachtungen im neu hinzugekommenen Anhang unter der Überschrift: Das Glaubenssystem der Religionen. Hier werden die praktischen Aspekte und konkreten Auswirkungen der zuvor erörterten philosophischen Grundlagen aufgezeigt.

Ziel der Darstellungen ist es, einen ganz neuen Blick auf Gott als Person zu ermöglichen und auf die sich daraus für uns ergebenden ewigen Werte und Normen aufmerksam zu machen.

Bestimmte Voraussetzungen sind für die Lektüre nicht erforderlich. Es müssen weder Sachkenntnisse noch philosophisches Wissen mitgebracht werden. Wichtig ist jedoch eine ruhige, interessierte Offenheit für die behandelten Themen. Und ein gewisses Maß an Geduld und Konzentration bei der Lektüre. Erforderlich ist auch Toleranz. Wir müssen die zum Teil ungewohnten Inhalte und Schlussfolgerungen zulassen, um uns auf neue Erkenntnisse einlassen zu können.

Vorwort zur überarbeiteten und erweiterten, zweiten Auflage

Als dieses Buch im Jahr 2016 in der ersten Version erschienen ist, da wurde es von einigen Lesern als „work in progress" betrachtet. Als eine Art temporäres Zwischenergebnis das bei neuen Einsichten und Erkenntnisse jeweils überarbeitet und verändert wird.

Was mit einer solchen Einordnung ganz freundlich und elegant ausgedrückt werden sollte, war klar: Man war mit den dargestellten Erkenntnissen und Schlussfolgerungen nur teilweise einverstanden und wollte auf freundliche Weise sagen: Wenn man einfach noch mal ein bisschen weiter nachdenkt, kommt man sicher zu anderen und besseren Ergebnissen, die viel mehr dem heutigen Zeitgeist entsprechen …

Dies ist nun die überarbeitete und erweiterte, zweite Auflage von „Gott ist Person!". Genau wie es empfohlen worden ist, wurde in den zurückliegenden Jahren nachgedacht und es wurden viele neue und tief gehende Einsichten gewonnen. Allerdings führte das nicht zu abweichenden Erkenntnissen und Überzeugungen. Ganz im Gegenteil! Die Gewissheit wuchs, dass das, was bereits im Jahr 2016 geschrieben wurde, korrekt ist und dass es der Wahrheit entspricht. Und so ist die Überarbeitung auch sehr geringfügig ausgefallen und sie beschränkt sich im Wesentlichen auf das 3. Kapitel „Theosophie". Dort wurden einige wenige Aussagen leicht verändert und ergänzt, weil die besonders große Bedeutung der Religionen bei den weiterführenden Untersuchungen in den letzten Jahren noch sehr viel klarer zutage getreten ist.

Und das ist auch der Grund dafür, warum das Buch um ein neues Kapitel, bzw. um einen Anhang ergänzt wurde. Unter der Überschrift „Das Glaubenssystem der Religionen" wird die Funktionsweise der Religionen im Allgemeinen betrachtet und darauf aufbauend wird die vedische Religion (Hinduismus) sowie die christliche Religion (Christentum) im Besonderen untersucht. Beide Hochreligionen verbindet ein ähnliches Schicksal miteinander. Denn beide Religionen bilden historisch das Fundament von alten und erhabenen Kulturen, die über lange Zeiträume, weite Teile unserer Welt gestaltet und beherrscht haben. Und wenn auch zeitlich ein wenig versetzt, so haben schließlich doch beide Religionen und die zugehörigen Kulturen den Weg in den Niedergang angetreten.

Diese bedauerliche Entwicklung des aufeinander folgenden Niedergangs von Religion und Kultur erfolgt zwangsläufig. Denn die Religion bildet die existentiell notwendige Grundlage für jede Kultur, für jede Gesellschaft und für jede ganz persönliche Beziehung zu Gott! Es ist eine grenzenlose menschliche Hybris, zu meinen, wir könnten unser persönliches Leben und das Leben unserer Gemeinschaft gänzlich ohne Gott gestalten. Und ebenso abwegig ist es, wenn wir uns Gott außerhalb definierter Wege und Formen, also nach eigenem, individuellem Gutdünken, zuwenden wollen und ihn auf eigenen, selbstgemachten Wegen zu erreichen versuchen. Bei dieser heute üblichen, weit verbreiteten Meinung handelt es sich um einen ganz zentralen Irrtum unserer Zeit.

Und der zweite große Irrtum, den es aufzuklären gilt, ist die heute übliche, naive Vorstellung, dass alle Religionen irgendwie das gleiche Ziel haben. Dass es sich also bei allen Religionen nur um unterschiedliche Wege handelt, die aber gemeinsam auf den gleichen Berg hinauf führen und die daher früher oder später alle auch den Gipfel und damit also Gott erreichen. Dies ist mitnichten der Fall! Viele Religionen oder s.g. spirituelle Pfade etc., sind schlicht und einfach Häresien, also Irrlehren! Und sie führen uns nicht zu Gott, sondern sie haben einen ganz anderen Ursprung und verfolgen ein ganz anderes Ziel!

Da all dies klar und offen ausgesprochen und ohne falsche Zurückhaltung beim Namen genannt wird, ist es mit der heute (2019) geforderten „political correctness" in diesem Buch nicht gut bestellt. Und das Buch erfüllt auch nicht die heute üblichen Anforderungen der Vielfalt und Buntheit oder gar der

Beliebigkeit und Inklusion. All den modernen Überlegungen und Forderungen nach einer synkretistischen Einheitsreligion, die sich aus den Elementen der unterschiedlichen Religionen zusammensetzt, wird ausdrücklich widersprochen. Derartige, synthetische Lehren haben in Wahrheit keine reale religiöse Grundlage. Stattdessen werden die betrachteten Sachverhalte und Vorgänge klar voneinander abgegrenzt und getrennt. In diesem Buch geht es um Begriffe und um Gegensätze wie Wahrheit und Lüge, Richtig und Falsch, Himmel und Hölle, Gut und Schlecht, Gott und Teufel, Engel und Dämonen. Es werden eindeutige Standpunkte bezogen. Und zumindest indirekt wird der Leser aufgefordert, dies ebenfalls für sich zu tun.

Zart besaitete Leser seien also gewarnt! Insbesondere das neu hinzugekommene Kapitel über die Religionen ist nichts für empfindliche Gemüter, denn dort wird ganz offen die Spreu vom Weizen getrennt. Und dabei kann es sehr gut sein, dass sich der Eine oder die Andere eventuell verletzt fühlt, weil die eigenen Vorstellungen und Präferenzen mit den hier dargestellten Überlegungen und Wertungen überhaupt nicht übereinstimmen. Alle Leser, die eine offene und vorbehaltlose Darstellung und eine Wertung der Religionen und religiösen Philosophien, nicht wünschen, sollten daher auf die Lektüre des Anhangs: „Das Glaubenssystem der Religionen" besser verzichten.

Den mutigen Lesern, die sich die Lektüre zumuten wollen, sei gesagt: Es wird ausdrücklich dafür plädiert allen religiösen und philosophischen Überzeugungen und Lehren stets mit vollkommener Toleranz zu begegnen. Das lateinische Verb „tolerare" bedeutet: erdulden, bzw. ertragen. Entsprechend sollte also jede Religion und jede philosophische Meinung, ganz egal wie sehr sie sich von den eigenen Überzeugungen unterscheidet, in Demut erduldet und ertragen werden. Und im Gegenzug wird erwartet, dass die eigenen religiösen Überzeugungen und philosophischen Präferenzen, von Anderen in entsprechender Weise toleriert werden.

Eine weitere Frage, die sich bei der Veröffentlichung von „Gott ist Person!" im Jahr 2016 hier und da ergeben hat, bezog sich auf die Quellen, die den Ausführungen zugrunde liegen. Auf welche konkreten Personen und Bücher wird Bezug genommen? Wessen Gedanken und Ideen werden aufgegriffen und verarbeitet? Warum wird nicht mit Zitaten und konkreten Quellenangaben etc., gearbeitet?

Die Antwort auf diese Fragen ist einfach! Das Buch bezieht sich überhaupt nicht auf einzelne, spezifische Quellen oder Personen. Vielmehr ist alles, was in diesem Buch geschrieben wurde, vor dem Gesamthintergrund einer gut vierzigjährigen, intensiven Beschäftigung mit den behandelten Themen zu verstehen. In diesem Zeitraum wurden hunderte von Büchern gelesen, unzählige Vorträge gehört, endlose Reihen von Gesprächen geführt, eine Vielzahl von Seminaren besucht und nicht endende Abfolgen von Übungen absolviert. Zu vielen herausragenden Personen und Lehrer bestand und besteht ein persönlicher Kontakt. Das als Anhang beigefügte Literaturverzeichnis gibt einen kleinen Überblick über die Quellen der Inspiration. Auf dieser Grundlage entstanden im Laufe der Jahre einige Bücher, Vorträge und Seminare und schließlich sind all diese Informationen und persönlichen Erfahrungen eingeflossen in dieses Buch!

Das Resultat der langjährigen Suche nach der Wahrheit lautet also: Gott ist Person! - und jeder einzelne Mensch steht in einer direkten, individuellen Beziehung zu ihm! Welcher Art diese Beziehung ist und wie sie sich konkret gestaltet, das bestimmt der einzelne Mensch. Sein freier Wille erlaubt es ihm, sich Gott in Liebe zuzuwenden, ihn zu ignorieren, oder ihn gar abzulehnen. Genau das ist das Ergebnis, also die „Quintessenz" der Wahrheitssuche! Und dieses Buch stellt den Versuch dar, aufzuzeigen, wie und warum man genau zu diesen Schlussfolgerungen gekommen ist.

Der Materialismus hat in seiner Oberflächlichkeit etwas Leichtverständliches, den Massen besonders Zugängliches und als naturwissenschaftliche Anschauungsweise etwas Modernes an sich, was namentlich der Halbbildung immer imponiert.

(Theobald Ziegler, 1846 - 1918, Philosoph, Pädagoge, Literaturhistoriker, Kulturpolitiker)

Teil I Materialismus

In unserer heutigen Zeit werden die Menschen in weiten Teilen der Welt von den Vorstellungen des Materialismus beherrscht. Nach dieser Auffassung gibt es im Universum nichts als Materie, die sich seit dem Urknall vor etwa 14 Milliarden Jahren gemäß den ihr innewohnenden Gesetzen selbständig entfaltet und so unsere Welt und auch uns selbst in einem zufälligen evolutionären Prozess hervorgebracht hat.

Dieses Erklärungsmodell ist einfach und leicht verständlich. Die leichte Verständlichkeit und die ständige Wiederholung der Behauptungen sind ein wesentlicher Grund für dessen weite Verbreitung und für die große Akzeptanz, die der materialistischen Weltanschauung heute entgegengebracht wird. Öffentlich infrage gestellt wird das Modell inzwischen nicht mehr, zu groß ist die Gefahr, als Scharlatan oder als Narr bezeichnet zu werden.

Also fragt auch niemand mehr nach dem Grund des Urknalls oder danach, was damals vor angeblich 14 Milliarden Jahren tatsächlich geschehen ist und warum es geschah. Und falls solche Fragen doch einmal gestellt werden, erklärt die Wissenschaft, die ja die eifrigste Vertreterin der materialistischen Weltanschauung ist, dass derartige Fragen nicht erlaubt sind, weil sie mit wissenschaftlichen Mitteln und Methoden nicht beantwortet werden können. Die Wissenschaft spricht vom Urknall dann als von einer sogenannten Singularität. Also von einem einmaligen, einzigartigen Ereignis, für das es keine Erklärung gibt und geben kann!

Und auch auf die Frage, wie es dazu kommt, dass der Materie all die von uns entdeckten Naturgesetze einfach so innewohnen, damit sie sich nach diesen dann ausrichten und so selbständig formen und gestalten kann, wird nicht beantwortet. Auch diese Frage ist angeblich unzulässig. Das sei eben so, heißt es seitens der Wissenschaft, weil es anders nicht sein kann! Denn außer der Materie gibt es nach der gängigen Überzeugung ja nichts, was als Quelle der Naturgesetze infrage kommen könnte. Wenn es also Naturgesetze gibt, und daran besteht kein Zweifel, müssen diese ein Bestandteil oder eine innewohnende Eigenschaft der Materie sein. Nun handelt es sich bei Gesetzen oder Regeln aber immer um Informationen und damit um etwas vollkommen anderes als um Materie. Informationen sind niemals materiell, sie sind immer geistiger Natur, sie können allenfalls einen materiellen Träger haben, aber diese Unterscheidung macht die Wissenschaft nicht.

Und letztlich werden auch alle weiteren Fragen oder Zweifel, zum Beispiel am Vorgang der biologischen Evolution, also der sich angeblich selbst gestaltenden Entwicklung der Arten, vom Einzeller bis zum Menschen, als nicht erlaubt zurückgewiesen. Und dies, obwohl der Ablauf der kosmischen Selbstorganisation des Universums und auch die Vorgänge der biologischen Selbstorganisation der lebenden Natur, also der Prozess der sogenannten Evolution, den von der Wissenschaft selbst herausgefundenen Naturgesetzen fundamental widersprechen.

Die gefundenen Gesetze besagen nämlich, dass in der Natur, wenn sie sich selbst überlassen ist, stets die Unordnung zunimmt, dass also das Chaos die Oberhand gewinnt, nicht jedoch die Ordnung. Nach den Naturgesetzen strebt die Natur also stets zum größtmöglichen Chaos, zur vollständigen Unordnung, sie ordnet und entwickelt sich nicht von selbst, ganz im Gegensatz zu dem, was angeblich im Rahmen der Evolution der Arten geschehen ist. Auch hier steht das allgemein verbreitete Erklärungsmodell auf tönernen Füßen. Aber kaum jemand hat den Mut, die fragwürdigen Behauptungen der Evolutionsbiologie ernsthaft infrage zu stellen.

Vor dem Hintergrund dieses durch und durch materialistischen Weltbilds, das uns Menschen die Idee vermittelt, wir wären das zufällige Resultat eines ebenso zufälligen Urknalls, ist es schwer, von Gott zu sprechen. Gott kommt in diesem Denkmodell nicht vor. Er ist im Rahmen der materialischen Welterklärung nicht erforderlich und daher wird seine Existenz von den führenden Köpfen der Wissenschaft bestritten. Besonders die in unserer Zeit populärsten und in der öffentliche Wahrnehmung am weitesten herausragenden Vertreter der wissenschaftlichen Zunft, Stephen Hawking, auf dem Gebiet der Physik, und Richard Dawkins, im Bereich der Biologie, sind bzw. waren vehemente Vertreter der materialistischen und atheistischen Weltanschauung.

Wenn wir uns das Weltbild, das diese Menschen vertreten und das den heutigen Zeitgeist und damit uns alle so umfassend und tiefgreifend prägt und bestimmt, ein wenig genauer ansehen, dann beinhaltet es folgende Grundaussagen:

1. Es gibt im Universum nur das, was wir sehen, anfassen und messen können: Materie bzw. Energie.

2. Diese Materie ist vor langer Zeit durch ein einmaliges, außerordentliches Ereignis, über das wir nichts wissen und nichts wissen können, entstanden.

3. Seit ihrer Entstehung verhält sich die Materie so, wie es ihr die innewohnenden Naturgesetze vorschreiben. Das Resultat dieses naturgesetzlichen Verhaltens ist das heute sichtbare und messbare Universum mit seinen Galaxien, Sternen und Planeten etc.

4. Auch das Leben allgemein und die Lebewesen im Besonderen sind Resultate des gesetzmäßig ablaufenden materiellen Geschehens. Irgendwann, vor ca. 4 Milliarden Jahren, formten sich zufällig materielle Strukturen auf eine bestimmte Weise und bildeten so ganz von selbst die Grundbausteine des Lebens. Diese schlossen sich in der Folgezeit zu einfachen Organismen zusammen, in denen sich zugleich, auf unerklärliche Weise, plötzlich Leben zu regen begann. Diese so entstandenen, nun lebenden Organismen wurden dann, nach den ihnen innewohnenden Gesetzen der

Evolution, also gemäß ihrer jeweiligen Anpassung an die Umwelt etc., in einem lange währenden Umwandlungsprozess zu den heute vorhandenen Pflanzen, Tieren und Menschen.

Die biologische Evolution wird demnach als eine Art zweite Entwicklungsstufe innerhalb des materiellen Universums gesehen. Ähnlich wie beim Urknall beginnt auch das Leben selbst mit einem unerklärlichen, einmaligen Ereignis, nämlich mit der ersten lebenden Zelle, die sich zufällig formte und sich sodann gemäß den ihr wiederum innewohnenden Gesetzen teilt und gestaltet und schließlich beim Menschen, als dem vorläufigen Endergebnis, endet.

5. Als dritte Stufe des gesetzmäßig ablaufenden Geschehens wird die Entstehung des Fühlens und Denkens bei den Lebewesen angesehen. Die diesbezügliche Annahme ist, dass die im Laufe der Zeit immer komplexer werdenden Gehirnstrukturen der Lebewesen auf unerklärliche Weise irgendwann begannen, so etwas wie Gefühle und Gedanken hervorzubringen.

Und schließlich entstand, in einem weiteren, letzten Schritt der Evolution, aufgrund der sich noch weiter differenzierenden Gehirnfunktionen zusätzlich so etwas wie eine Art künstlicher innerer Beobachter, also ein Ich-Bewusstsein, das sich selbst, seine Gefühle und Gedanken sowie seinen Körper sehen, fühlen, betrachten und über sich und die Welt umher nachdenken kann.

Mit diesen fünf Schritten haben wir auf einfache Weise die Entstehung von uns selbst und der gesamten uns bekannten Welt umfassend beschrieben. Einen Gott haben wir dazu nicht gebraucht. Wir mussten lediglich an einigen markanten Stellen der Entwicklungsgeschichte ein bisschen tricksen oder improvisieren.

Trick 1: Der Urknall selbst und damit das schlichte Vorhandensein von Materie bzw. Energie. Für beides gibt es keine stichhaltige wissenschaftliche Erklärung.

Trick 2: Die Existenz der Naturgesetze, die als immaterielle Informationen nicht Bestandteil der Materie sein können. Die Wissenschaft gibt keine Antwort auf diese Frage.

Trick 3: Die behauptete Selbstorganisation der Materie zu immer geordneteren, komplexeren Strukturen. Dieser Vorgang widerspricht den grundlegenden Naturgesetzen. Diese beschreiben eine stets zunehmende Unordnung, die wir bei allen geschlossenen und sich selbst überlassenen Systemen stets beobachten können. Auch hierzu schweigt die Wissenschaft.

Trick 4: Das angeblich spontane Entstehen von lebendigen Einheiten oder Zellen aus toten materiellen Strukturen. Auch für diesen Vorgang gibt es keine Beweise und keine nachvollziehbare Erklärung.

Trick 5: Die angenommene Entwicklung aller bekannten Lebensformen, einschließlich des Menschen, aus den angeblich spontan entstandenen, anfänglichen Zellstrukturen. Tatsächlich gibt es auch nach mehr als 100 Jahren Evolutionsforschung keine fossilen Funde, aus denen sich tatsächliche Übergänge der Entwicklung von einer Art zur anderen im Sinne der behaupteten Evolution ableiten lassen. Lediglich Variationen innerhalb einer bestehenden Art können nachgewiesen werden, mehr nicht! Dennoch verteidigt die Wissenschaft ihre Theorie ohne Unterlass ganz vehement.

Trick 6: Das behauptete, spontane Auftreten von Gefühlen, Gedanken und schließlich Bewusstsein aus biologisch-materiellen Strukturen. Einen Beweis oder eine Erklärung dafür, dass Materie tatsächlich Bewusstsein hervorbringen kann, liefert die Wissenschaft nicht.

Wenn wir es genau betrachten, ruht das populäre wissenschaftliche Weltbild also gar nicht auf einem so felsenfesten Fundament, wie es allgemein angenommen wird. Die Beschreibung beinhaltet vielmehr an ganz markanten Stellen einige sehr große Fragezeichen bzw. sehr wagemutige Behauptungen und sie lebt im Übrigen ganz wesentlich von der Entschlossenheit, der Kraft und der Lautstärke, mit der sie von ihren Vertretern und Befürwortern verkündet und verteidigt wird.

Leider ist das materialistische Weltbild trotz dieser fundamentalen Schwächen zu einer Art Religion geworden, die für sich in Anspruch nimmt, die gesamte Welt, einschließlich unseres menschlichen Seins, umfassend erklären zu können.

Und diese Erklärung sieht so aus:

1. Die Existenz des Universums und unserer Welt ist ein unerklärlicher Zufall.

2. Alles, was existiert, ist materieller Natur und verhält sich entsprechend den Naturgesetzen.

3. Es gibt weder einen Sinn noch einen Zweck oder ein Ziel unserer Existenz.

4. Leben ist ein zufällig aufgetretenes Phänomen der sich selbst gestaltenden Materie.

5. Der Mensch ist ein affenähnliches Tier, dessen besonders komplexes Gehirn plötzlich Gefühle, Gedanken und Bewusstsein entwickelt hat.

6. Unser Ich-Bewusstsein ist eine Selbsttäuschung. In Wahrheit agieren wir wie biologische Maschinen, ohne freien Willen, nach fest vorgegebenen Reiz-Reaktions-Mechanismen.

7. Die Existenz unseres Bewusstseins ist an unseren Körper bzw. das Gehirn gebunden, mit dem Tod unseres Körpers/unseres Gehirns erlischt auch unser Bewusstsein und damit unsere gesamte Existenz.

Auf diesen zentralen Aussagen baut die gesamte gesellschaftliche und kulturelle Ordnung in weiten Teilen unserer Welt heute auf!

Werte und Normen beinhaltet dieses materialistische Weltbild nicht! Das liegt daran, dass der Urgrund des Seins, die Materie, vollkommen wertfrei ist. Materie ist seit dem Urknall schlicht und einfach vorhanden. Das ist weder gut noch schlecht. Und auch die Materie selbst weist weder gute noch schlechte Eigenschaften auf. Sie ist, wie sie ist, und gestaltet sich gesetzmäßig, ohne Sinn, ohne Ziel und ohne Zweck.

Im materialistischen Weltbild gibt es also von sich aus weder Gut und Böse, noch Schön und Hässlich oder Richtig und Falsch. Alle Dinge und Geschehnisse sind einfach, wie sie sind, denn alles ist letztlich sinnlos, ziellos, zweck- und wertfrei.

Und dies gilt auch für uns Menschen! Der Mensch, als das Produkt der biologischen Evolution, ist ebenfalls nur eine Biomaschine. Zufällig entstanden, ohne Sinn, ohne Ziel, ohne Wert und ohne Zweck. Wie alle materiellen Dinge ist er einfach so, wie er ist, und er agiert ganz und gar gesetzmäßig, wie es die Regeln der Biologie für seinen Körper und die Regeln der Kybernetik für sein Denken und Fühlen vorschreiben.

Eine individuelle Persönlichkeit des Menschen existiert nach materialistischer Weltanschauung nicht! Das Ich-Bewusstsein des Einzelnen wird als eine Selbsttäuschung gesehen, die sich mit zunehmender Komplexität der vom Gehirn erzeugten Gedanken und Gefühle von selbst eingestellt hat und so die Illusion des „Ich" erzeugt. In Wahrheit ist der Mensch nicht mehr als ein biologischer Computer auf zwei Beinen, der sich so verhält, wie es ihm seine Programmierung befiehlt.

Diese wertfreie, geist- und seelenlose, von Biomaschinen bevölkerte Welt, ohne Zweck, ohne Sinn und ohne Ziel, propagieren die heute führenden Vertreter der Wissenschaft. Aber auch ein großer Teil unserer führenden politischen, wirtschaftlichen und kulturellen Repräsentanten stehen zu dieser Weltanschauung und richten ihr Denken und Handeln danach aus.

Ja, man kann sagen, dass die Anschauungen des Materialismus nicht nur unsere Eliten, sondern inzwischen auch die breite Bevölkerung und den gesellschaftlichen Mainstream voll und ganz erfasst und durchdrungen haben. Auch wenn es den meisten Menschen kaum bewusst sein mag, haben sie die wissenschaftlich propagierte materialistische Sicht der Welt und der Wirklichkeit durch die ständig stattfindende Ausbreitung und Wiederholung der zugrunde liegenden Thesen inzwischen vollständig verinnerlicht.

Eine Folge dieses Bewusstseins ist die schnell voranschreitende Auflösung aller Werte und Normen im gesellschaftlichen Gefüge.

Wenn alles Sein als wert- und sinnfreier Zufall ohne Zielsetzung verstanden wird und die persönliche Existenz mit dem Tod des materiellen Körpers endet, dann gibt es keine dauerhaften Regeln, an die man sich als einzelner Mensch oder als Menschengruppe zu halten hätte. Es gibt auch keinen Grund, irgendetwas zu tun oder etwas anderes zu unterlassen. Aus dieser Haltung erwachsen Aussagen wie: „Das Universum, das wir beobachten, hat genau die Eigenschaften, mit denen man rechnet, wenn dahinter kein Plan, keine Absicht, kein Gut und Böse steht, nichts außer blinder, erbarmungsloser Gleichgültigkeit." Dies sagt der Evolutionsbiologe Prof. Richard Dawkins und er suggeriert uns damit: Das Leben hat weder Sinn noch Ziel, mach, was du willst, es gibt kein Gesetz.

Es stellt sich die Frage, warum diese nihilistische Weltanschauung, die alle objektiven Werte und Normen verneint und das Leben als ein zielloses Abenteuer der Natur ohne Sinn und Zweck begreift, eine solche Verbreitung erfahren kann und sich einer so umfassenden und anhaltenden Beliebtheit erfreut.

Die Antwort auf diese Frage ist ebenso einfach wie überraschend: Weil diese Art des Denkens dem Menschen eine größtmögliche Freiheit suggeriert. Nur wenn es keine objektiven Werte gibt und man die Überzeugung vertritt, dass es auch keine solchen Werte geben kann, unterliegt alles, was vorhanden ist, der alleinigen Deutungshoheit des Menschen. Dann gilt der Satz: Alles ist relativ! Oder auch: Alles ist subjektiv! Denn der Mensch selbst wird zum Maß aller Dinge. Das heißt, er selbst bestimmt den Wert oder den Unwert einer Sache oder einer Gegebenheit. Er definiert, was Gut und Böse, Richtig und Falsch, Wahrheit oder Lüge ist. Und der Mensch selbst wird auch zum alleinigen Sinnstifter in seinem Leben. Nur er bestimmt, was zu tun ist und worum es für ihn in seinem Leben letztlich geht. Das Ziel sowie den Erfolg oder den Misserfolg des Lebens bestimmt und beurteilt er selbst, nach seinen persönlichen Maßstäben. Mehr Freiheit geht nicht!

Mit dieser Art des Denkens löst sich der Mensch aus seiner Anbindung an die Natur und an die Gesellschaft. Jeder Einzelne wird vermeintlich zu einem ganz und gar unabhängigen und selbstbestimmten „Ich", das tun und lassen kann, was ihm gefällt. Genau das ist das Bild, das uns gegenwärtig als höchstes, erstrebenswertes Ziel für unser Leben von der Gesellschaft vermittelt wird. Und genau dieses Versprechen der totalen Unabhängigkeit und Freiheit macht das materialistische Weltbild für den heute lebenden Menschen so besonders attraktiv. „Unterm Strich zähl ich!", ist ein markanter Werbeslogan in diesen Tagen.

Die große Attraktivität dieser Weltanschauung wird nicht einmal dadurch beeinträchtigt, dass der Materialismus selbst die vermeintliche Selbständigkeit und Freiheit des Einzelnen eigentlich als eine große Illusion beschreibt. Der Mensch als biologische Maschine mit seinen vom Gehirn erzeugten Gefühlen und Gedanken ist selbstverständlich keineswegs frei und ungebunden. Nach materialistischer Auffassung ist er ja nicht mehr als ein programmierter Bioroboter, der sich für seine kurze Lebensspanne lediglich einbildet, ein freies Wesen zu sein.

Dennoch ist genau dieses Gefühl der vermeintlichen, wenn auch nur eingebildeten Freiheit der entscheidende Impuls, der das materialistische Weltbild in besonderer Weise trägt und attraktiv macht. Die Freiheit des Einzelnen von allen vorgegebenen Strukturen des Staates, der Gesellschaft, der Religion, der Familie, der Gruppe etc. und die Freiheit des Menschen allgemein und der gesamten Menschheit von allen vorgegebenen Bedingungen der Umwelt und der Natur sind das erklärte Ziel unserer Zeit.

Wohin die Überhöhung der zur fixen Idee gewordenen Freiheitsillusion führen kann, sehen wir, wenn wir uns zum einen die massiven, weltweit um sich greifenden Auflösungserscheinungen unserer modernen Gesellschaften ansehen und wenn wir zum anderen die Ausbeutung und Zerstörung der Natur betrachten. Der Mensch hat sich selbst isoliert und die Verbindung zu seinem Umfeld verloren. Dem Einzelnen fehlen die Verbindung zu seinem Gegenüber und das Eingebundensein in familiäre und gesellschaftliche Strukturen, und der Menschheit insgesamt fehlen die Verbindung zur Natur und das Eingebundensein in deren natürliche Prozesse und Abläufe.

Heute, auf dem Höhepunkt der materialistischen Selbsttäuschung und des damit einhergehenden Machbarkeitswahns, empfindet sich der Mensch sowohl als der Schöpfer und Gestalter seiner selbst (Stichwort: Gen-Design) als auch als der Schöpfer und Gestalter seiner Umwelt (Stichwort: Terraforming). So ist er niemandem und schon gar nicht irgendeinem Gott zu Dank verpflichtet oder etwa Rechenschaft schuldig.

Philosophisch betrachtet, bezeichnet man ein Erklärungsmodell, das „Alles, was ist" auf eine einzige Ursache zurückführt, als Monismus (monos = griechisch: einzig, allein). Das materialistische Weltbild ist ein solcher Monismus, weil es „Alles, was ist" von der Materie herleitet: Allein die Materie ist die Grundlage allen Seins, egal ob es sich um feste Objekte, lebendige Wesen oder gar um unser Fühlen und Denken handelt.

Diese Philosophie des materialistischen Monismus ist selbstverständlich und gezwungenermaßen atheistisch, denn ein alles erschaffender, allmächtiger Gott hat in diesem Weltbild keinen Platz. An die Stelle von Gott ist die Materie selbst getreten, die als die alleinige Ursache von „Allem, was ist" angesehen wird.

Einer der größten Fehler, den Menschen machen, wenn sie über Gott nachdenken, ist, sich Gott als unpersönlich vorzustellen.

(Dr. med. Eben Alexander, 1953, Neurochirurg und Autor)

Teil II Spiritualismus

Für diejenigen, die sich mit den vielfach unbewiesenen Behauptungen des Materialismus nicht so einfach zufriedengeben wollen und die die offensichtlichen Fehler und Lücken in der materialistischen Beweisführung nicht akzeptieren, stellt sich die Frage nach einer alternativen Erklärung der Welt und der Wirklichkeit.

Darüber hinaus gibt es viele Menschen, denen das Leben in einer angeblich vollständig sinn- und zweckfreien Welt, die ganz und gar zufällig ins Dasein getreten sein soll und sich seither ziellos entwickelt, nicht ganz geheuer ist. Auch diese Personen suchen nach anderen, tiefer gehenden Antworten auf die existentiellen Fragen des Lebens.

Und letztlich ist die vom materialistischen Weltbild vermittelte Vorstellung, dass wir Menschen nicht mehr als programmierte Bioroboter sind, deren Bewusstsein vom Gehirn erzeugt wird und deren Existenz mit dem Tod des Körpers endgültig endet, für viele der entscheidende Antrieb, weitergehende Erklärungen jenseits des Materialismus zu suchen.

Natürlich spielen zusätzlich bei einigen Menschen auch religiöse Gründe eine Rolle für weitergehende Überlegungen, da der Materialismus in all seinen Varianten notwendigerweise stets eine atheistische Lehre ist und oft auch antireligiöse Haltungen hervorbringt.

Wie aber kommt diese Welt zustande, wenn nicht allein die Materie für ihre Entstehung verantwortlich ist?

Eine heutzutage besonders attraktive Alternative zur gängigen Welterklärung des Materialismus bietet der Spiritualismus. Hierbei handelt es sich ebenfalls um eine monistische Philosophie, also um eine Lehre, die „Alles, was ist" auf eine einzige Ursache zurückführen will. Im Gegensatz zum Materialismus geht der Spiritualismus allerdings davon aus, dass nicht die Materie, sondern der Geist die letzte Ursache der Welt und der Wirklichkeit ist.

Wichtig ist an dieser Stelle, dass sowohl der Name Spiritualismus als auch der Begriff Geist richtig verstanden werden. Mit Geist sind in diesem Zusammenhang nicht etwa unser Intellekt oder unsere Emotionen, also unser Denken und Fühlen gemeint. In der englischen Sprache unterscheidet man zwischen „mind" = Verstand oder Gedanken und „spirit" = Geist. Der spirituelle Monismus meint Geist im Sinne von „spirit", so wie es auch der lateinischen Sprachwurzel „spiritus" = Geist, entspricht.

Aber auch bei dieser Gleichsetzung ist Vorsicht geboten. Spirit oder Geist ist hier keinesfalls im Sinne eines „Spuks" oder etwas Ähnlichem zu verstehen. Und es geht hier auch nicht um „Spiritismus", also nicht um die Beschwörung von Geistern oder um Gespenster, die ihr Unwesen treiben. Geist, im gemeinten Sinn, ist etwas viel Umfassenderes, Endgültigeres, Grundlegenderes. Geist wird verstanden als die ursächliche, nicht materielle Instanz hinter aller Materie. Also als die letzte Ursache, der „Alles, was ist", auch die Materie, entsprungen ist. Geist ist danach der Urgrund und der Ursprung von „Allem, was ist".

Im materialistischen Denken kommt so etwas wie Geist in diesem Sinne überhaupt nicht vor, denn er steht ja hinter der Materie und damit außerhalb des materialistischen Weltbilds. Einen Geist oder Geister gibt es nicht, sagt die materialistisch orientierte Wissenschaft. Der Geist ist transzendental zur materiellen Welt (Transzendenz, lateinisch = übersteigen, darüber hinausgehen). Geist geht über die materielle Welt hinaus, er steht hinter der materiellen Welt und damit außerhalb der Reichweite materialistisch-wissenschaftlicher Instrumente und materialistisch-wissenschaftlichen Denkens.

Da der Begriff Geist im hier gemeinten, transzendenten Sinn also nicht Bestandteil unseres allgemein üblichen materialistischen Weltbilds ist und auch in unserer Alltagssprache nicht vorkommt und wir daher mit diesem Begriff und dem, was sich dahinter verbirgt, in aller Regel nicht vertraut sind, bedarf der Spiritualismus zum tieferen Verständnis einer genaueren Betrachtung und Interpretation.

Im Gegensatz zum Materialismus geht der Spiritualismus nicht davon aus, dass „Alles, was ist" der Materie entsprungen ist und dass „Alles, was ist" gemessen und gewogen werden kann. Der Spiritualismus sieht die Materie vielmehr als so etwas wie verdichteten Geist. Der Urgrund allen Seins, der Geist, entfaltet und verdichtet sich über viele aufeinanderfolgende Stufen und letztlich auch in der Stufe seiner größten Verdichtung, in der Materie.

Die Grundlage allen Seins, der Geist an sich, wird in seinem Urzustand als eine einheitliche, homogene Energie verstanden, die in zeitloser, also ewiger, unbewegter Stille existiert. Diese zeitlose, energetische Existenz, ohne Form und ohne Eigenschaften, ist das reine Sein, also Geist in seinem unmanifestierten Zustand.

Doch dieser klare, form- und eigenschaftslose Geist, der sich jenseits von Zeit und Raum im Zustand ewiger Gegenwart befindet, trägt die Vielfalt der Schöpfung als Potential oder als Keim bereits vollständig in sich. Alles, was war, was ist und was jemals sein wird, ist im ewigen Hier und Jetzt, im reinen Geist, in allen seinen Aspekten als Möglichkeit anwesend. Damit ist der reine Geist auch so etwas wie eine Blaupause oder ein Bauplan des gesamten Universums, inklusive unserer eigenen Welt mit all ihren Lebensformen, bis hin zu jedem einzelnen Menschen.

Alles, was jemals war, was ist und was sein wird, ist im reinen Geist vollständig anwesend und immerwährend präsent. Aber es ist nicht ausgestaltet, sondern nur als Potential oder als Energie anwesend, wie eine endlose Sammlung von Ideen, die in die Verwirklichung drängen. Der reine Geist ist damit so etwas wie das unerschöpfliche Reservoir des Seins, aus dem die konkrete, differenzierte Welt und letztlich auch die Welt der Materie, wie wir sie kennen, in einem steten Fluss hervorquillt.

Innerhalb des Spiritualismus gibt es eine Reihe unterschiedlicher Lehren und Philosophien, die zwar hinsichtlich der Grundgedanken über den reinen Geist mehr oder weniger übereinstimmen, in ihrer weiteren Ausgestaltung jedoch recht deutlich voneinander abweichen können. Zu den ganz wesentlichen und wichtigen Schulen, die sich auf der Grundlage des Spiritualismus bewegen, gehören der Buddhismus und der ebenfalls in Indien beheimatete Advaita Vedanta. Aufgegriffen werden deren Lehren wiederum von der westlichen Theosophie, der Anthroposophie, verschiedenen gnostischen Lehren alter und neuerer Art, auf denen u. a. die Templer, die Freimaurer, die Rosenkreuzer etc. heute noch aufbauen, und fast allen Richtungen der modernen Esoterik.

All diese Lehren zur Erklärung der Welt und der Wirklichkeit gehen davon aus, dass der Urgrund des Seins aus reinem, eigenschaftslosem Geist besteht, der sich schließlich bis zur materiellen Welt entfaltet. Und gesehen wird dieser Entfaltungsprozess als ein Vorgang der sukzessiven Verdichtung. Viele Denksysteme beschreiben einen schrittweisen Verdichtungsprozess mit zumeist sieben konkret ausgeprägten Stufen zunehmender Dichte, an dessen Ende sich unsere materielle Welt befindet.

Analog zu unserem materiellen Universum mit seinen Galaxien, Sternen, Planeten und all den vorhandenen Lebensformen sind auch alle davorliegenden Dimensionen oder Stufen, die der Geist bei seiner Entfaltung durchläuft, nicht etwa leer, sondern umfassend bevölkert. Auch dort existieren Universen mit Sternen und Planeten und mit einem mindestens ebenso vielfältigen Leben, wie wir es kennen. Im Gegensatz zu unserer grobstofflichen materiellen Welt sind die Ebenen der geringeren geistigen Verdichtung jedoch feinstofflicher Art. Um die Gegebenheiten in Form einer Analogie zu versinnbildlichen, könnte man diese weniger dichten Ebenen des Seins im Verhältnis zu unserer Welt als „leichter" oder „transparenter" bezeichnen. Diese Begriffe beschreiben jedoch keine realen Gegebenheiten, sondern dienen nur der bildlichen Veranschaulichung aus unserer irdisch-materiellen Perspektive.

In einer Art Hierarchie der Entfaltung gelangen die Inhalte des reinen Geists über die Stufen seiner Verdichtung in die konkrete Wirklichkeit. Dabei stellen die ersten oder die von uns aus betrachtet am weitesten entfernt liegenden Stufen der Verdichtung die Dimensionen und Welten dar, in denen die geistigen Ideen in ihrer reinsten und klarsten Form verwirklicht sind. In jeder nachfolgenden Verdichtungsstufe nimmt, analog der zunehmenden Entfernung vom reinen Geist, auch die Verfälschung oder Verzerrung der geistigen Ideen immer weiter zu. In unserer materiellen Welt schließlich können wir anhand der konkreten Gegebenheiten nur noch ahnen, wie die grundlegenden, rein geistigen Ideen unserer Gegenwart vor ihrer vielfachen Verfälschung und Verzerrung ursprünglich einmal ausgesehen haben.

In dieser oder in ähnlicher Art werden die Gegebenheiten des Seins in den unterschiedlichen Lehren auf der Grundlage des Spiritualismus beschrieben. Der große Vorteil dieses Weltbilds ist, dass es ein wesentlich umfassenderes Verständnis des Seins aufweist, als dies beim Materialismus der Fall ist. Der Materialismus begrenzt „Alles, was ist" auf die Materie, während der Spiritualismus sagt: „Alles, was ist", ist Geist, in seinem ursprünglichen Zustand und in all seinen Verdichtungsstufen, und das schließt auch die Materie mit ein.

Dieses wesentlich umfassendere Weltbild erklärt die Existenz unserer Welt und des Lebens also in Form einer Materialisierung von dahinterstehenden geistigen Ideen. Hinter jeder äußeren, materiellen Form und jedem äußeren, materiellen Ereignis wird eine dahinterstehende geistige Idee bzw. eine Information gesehen, die sich im jeweiligen Geschehen und in der jeweiligen Gestaltwerdung ausdrückt. Das Prinzip lautet: Die geistige Information schafft die materielle Form bzw. das materielle Geschehen. Oder andersherum: Keine materielle Form und kein materielles Geschehen ohne eine dahinterstehende geistige Kraft oder Information.

All die offenen, brisanten, unbeantworteten Fragen, die sich beim Materialismus ergeben, können mit den Mitteln des Spiritualismus leicht beantwortet werden.

1. Der Urknall selbst

Im Weltbild des Spiritualismus stellt der sogenannte Urknall lediglich den Scheidepunkt zwischen den feinstofflichen Stufen der geistigen Entfaltung und der grobstofflichen materiellen Ebene dar. Der Urknall ist damit so etwas wie der Eintrittspunkt des spirituellen Geschehens in die letzte materielle Verdichtungsstufe des Geistes. Wenn also der Geist grobstoffliche, materielle Formen annimmt und unser materielles Universum schafft, zeigt sich uns das als sogenannter Urknall.

2. Die nicht erklärbare Existenz der Naturgesetze

Vor dem Hintergrund der geistigen Wirklichkeit muss die Existenz der Naturgesetze nicht mehr mühsam über irgendwelche innewohnenden Eigenschaften oder Funktionen der Materie erklärt werden. Bei den Naturgesetzen handelt es sich schlicht um die Informationen oder die geistigen Regeln, die für die materielle Ebene der geistigen Verdichtung gelten.

3. Die angebliche Selbstorganisation der Materie

Die gewagte Behauptung, dass sich die Materie in einem Prozess der Selbstorganisation entfaltet und gestaltet, kann ersatzlos gestrichen werden. Tote Materie gestaltet sich nicht von selbst! Vielmehr richtet sich die Materie gemäß der dahinterstehenden geistigen Information aus.

4. Das vermeintliche spontane Entstehen von Leben aus Materie

Selbstverständlich entsteht Leben nicht spontan aus toter Materie. Vielmehr stellt Leben eine dem Geist innewohnende Eigenschaft oder Funktion dar. Bewusstsein, verbunden mit einer Intention, also einer Zielsetzung, drückt sich auf der materiellen Ebene als Leben aus.

5. Die behauptete, aber bis heute unbewiesene Evolution der Lebewesen vom Einzeller bis zum Menschen

Eine Evolution im Sinne Darwins gibt es nicht. Makroevolution, also gattungs- bzw. artübergreife Evolution fand und findet nicht statt. Lebewesen sind ins stoffliche Dasein getretene geistige Wesenheiten. Das gilt für alle Lebensformen im Tierreich, im Pflanzenreich und auch für den Menschen. Das, was als Evolution im Rahmen von Variationen innerhalb bestimmter Arten beobachtet werden kann, ist jeweils Ausdruck einer entsprechenden Veränderung in der zugrunde liegenden geistigen Information. Die tote Materie selbst übt niemals eine direkte, unmittelbare evolutionäre Wirkung aus.

6. Das angebliche Hervorbringen von Gedanken, Gefühlen und Bewusstsein durch die Materie

Materie bringt weder Gefühle noch Gedanken und schon gar kein Bewusstsein hervor! Tatsächlich verhält es sich genau umgekehrt. Geist verdichtet sich in einem stufenweisen Prozess zur Materie!

Der Spiritualismus ist dem Materialismus als Erklärungsmodell für „Alles, was ist" also nicht nur ebenbürtig, sondern deutlich überlegen! Wie wir gesehen haben, können nicht nur die lästigen, beim materialistischen Weltbild vorhandenen, ungelösten Probleme und unbeantworteten Fragen leicht gelöst und beantwortet werden. Darüber hinaus werden sogar weitergehende Fragen und Probleme auf einen Schlag erledigt. Gemeint sind hier alle jene Bereiche und Phänomene, die das materialistische Denken komplett ignoriert, ausblendet oder verschweigt.

Zu den ignorierten oder ausgeblendeten Inhalten gehören zum Beispiel all die vielfältigen und immer wieder auftretenden Psi-Phänomene, also alle Formen der Hellsichtigkeit, der Telepathie, der Telekinese usw. Ferner alle Arten übersinnlicher Kommunikation, zum Beispiel mit verstorbenen Personen oder sonstigen jenseitigen Wesenheiten etc. Weiter alle individuellen transzendenten Erfahrungen, zum Beispiel Nahtoderlebnisse, Astralreisen, außerkörperliche Erfahrungen, auch sogenannte Erleuchtungserlebnisse usw.

Daneben werden auch alle Erscheinungen von sogenannten Geistern oder auch anderer feinstofflicher Wesen, die wissenschaftlich ins Reich der Fabeln und der Phantasie verwiesen werden, von denen aber trotzdem immer wieder berichtet wird, leicht erklärbar. Sogar so vermeintlich neue Phänomene wie Ufo-Sichtungen und Kontakte mit so-genannten Außerirdischen erhalten vor dem Hin-tergrund der feinstofflichen Dimensionen eine ganz andere Grundlage und Relevanz.

Denn all diese Geschehnisse lassen sich im Rah-men des Spiritualismus, vor dem Hintergrund der vielschichtigen, geistigen bzw. feinstofflichen Ebe-nen der Wirklichkeit, die umfassend aufeinander einwirken, miteinander agieren und zueinander in Beziehung stehen, leicht und schlüssig erklären.

Gleiches gilt auch für die auf materieller Basis un-erklärlichen, aber immer wieder auftretenden, so-genannten Spontanheilungen, oft sogar unheilba-rer Kranker, und es gilt für viele alternative Heilme-thoden, zum Beispiel für die Homöopathie, für die Geistheilung, das Handauflegen, das „Besprechen" von Krankheitssymptomen aller Art, das Heilen durch verschiedenste Formen der Energieübertra-gung usw. All diese – sogenannten unwissen-schaftlichen – Methoden sehen im Licht des Spiri-tualismus vollkommen anders aus, denn sie bewe-gen sich nachvollziehbar auf einer der geistigen oder feinstofflichen Ebenen.

Sogar direkte Fragestellungen der Wissenschaft selbst, die im materialistischen Denken bisher Rät-sel aufwarfen, können durch den Spiritualismus beantwortet werden, zum Beispiel das ungelöste Phänomen der Quantenverschränkung, die Frage der morphogenetischen Felder, die jüngsten Er-kenntnisse und Fragen zu sogenannter „schwarzer Materie" und „schwarzer Energie" etc. All diese

Fragen erhalten vor dem Hintergrund von feinstofflichen Welten und parallelen Dimensionen ganz neue Beantwortungsmöglichkeiten.

Und letztlich erhalten auch ganz zentrale religiöse Inhalte durch den spirituellen Monismus plötzlich eine andere, leicht nachvollziehbare Bedeutung.

Ganz zentral bezieht sich dies auf die menschliche Seele, deren Existenz vom materialistischen Denken so vehement verneint wird. Nach Anschauung des Spiritualismus besitzt der Mensch, wie jedes andere Lebewesen auch, selbstverständlich eine Seele. Die Seele wird hier als die geistige Idee oder als die energetische Wesenheit gesehen, die sich hinter der materiellen Form verbirgt bzw. die sich im materiellen Körper des Menschen ausdrückt. Die geistigen und seelischen Anteile des Menschen, die sich jenseits seiner materiellen Form befinden, stellen sein individuelles Bewusstsein dar und bilden den über seinen Körper hinausgehenden feinstofflichen und geistigen Teil seiner Existenz.

Mit diesem Aspekt seines Seins, also mit seiner Seele, hat der Mensch somit direkten Anteil an der Transzendenz, an dem jenseitigen Bereich der Wirklichkeit, der über die materielle Welt hinausgeht. Dies entspricht nicht nur der religiösen Anschauung abendländischer Prägung, sondern bietet auch Raum für anderweitige oder weitergehende Vorstellungen, zum Beispiel für die Idee der Reinkarnation, also in Bezug auf wiederkehrende

Lebenszyklen, wie sie zum Beispiel bei asiatischen Philosophien und Religionen häufig vertreten wird. Alle wesentlichen philosophisch-religiösen Aussagen oder Überzeugungen, die im materialistischen Denken schlicht geglaubt werden müssen, weil ein wissenschaftlicher Beweis dafür fehlt, lassen sich auf der Grundlage des Spiritualismus sinnvoll und anschaulich herleiten und erklären. Auf diese Weise ersetzt der Spiritualismus bisherige Glaubenssätze durch nachvollziehbares Wissen.

Als Zwischenbilanz können wir festhalten: Der Spiritualismus bietet umfassende Lösungen an und scheint tatsächlich für „Alles, was ist" eine gute und plausible Erklärung zu haben. Vor diesem Hintergrund ist seine große Beliebtheit in unserer Zeit verständlich. Man kann sicher davon ausgehen, dass all jene Menschen, die sich nicht endgültig im atheistisch-materialistischen Weltbild verfangen haben, zum ganz überwiegenden Teil, in dieser oder jener Form bzw. innerhalb dieser oder jener Gruppierung, direkte oder indirekte Anhänger des Spiritualismus sind, auch wenn ihnen das nicht bewusst sein sollte und sie diesen Begriff nicht gebrauchen.

Wie an anderer Stelle bereits erwähnt, gilt dies zum Beispiel für alle Schulen des Buddhismus, für nahezu alle Formen und Richtungen der im Westen üblichen indischen Yoga- und Meditationslehren, für die sogenannten Satsang-Bewegungen, für die alten und neuen gnostischen Schulen des Abendlands, zum Beispiel für die Theosophie, für die Anthroposophie, die Templer, die Freimaurer, die Rosenkreuzer, etc. und für nahezu alle Strömungen, Lehren und Schulen der modernen westlichen Esoterik.

All diese Systeme propagieren direkt oder indirekt den Spiritualismus, denn all diese Lehren gehen auf diese oder jene Weise davon aus, dass es einen reinen, geistigen Urgrund gibt, der sich in einem Prozess der Gestaltwerdung zur gesamten Schöpfung entfaltet. Diese gemeinsame Überzeugung ist die große Stärke all der genannten Schulen und jeder sonstigen Philosophie oder Lehre, die sich auf den Spiritualismus als Grundlage bezieht. Und gleichzeitig liegt die große Schwäche bei all den Systemen darin, wie dieser reine geistige Urgrund, den wir auch Gott nennen können, allgemein verstanden und definiert wird.

Bei der Betrachtung dessen, was die letzte Basis allen Seins, also Gott oder der Geist an sich, tatsächlich ist, wird von all diesen Philosophien nämlich eine ganz besondere Eigenschaft des Spiritualismus komplett übersehen! Wie sieht diese besondere Eigenschaft aus? Was wird übersehen?

Nicht beachtet wird, dass der Spiritualismus eine monistische Philosophie ist! Sicher ist Ihnen bereits aufgefallen, dass der geistige Urgrund allen Seins vom Spiritualismus wie folgt beschrieben wird:

Die Grundlage allen Seins, der Geist an sich, ist in seinem Urzustand eine einheitliche, homogene Energie, die in zeitloser, also ewiger, unbewegter

Stille existiert. Diese zeitlose energetische Existenz, ohne Form und ohne Eigenschaften, ist das reine Sein, also der Geist in seinem ursprünglichen unmanifestierten Zustand.

Der Geist, der hier beschrieben wird, unterscheidet sich eigentlich nur hinsichtlich des „Aggregatzustands" von der Beschreibung der Materie. Während die Materie als mehr oder weniger feste Struktur betrachtet wird, sieht man den Geist als eine transzendente, gleichförmige Energie. Andere Unterschiede gibt es bei dieser Definition nicht. In beiden Fällen handelt es sich um etwas, das keine Eigenschaften, keinen Willen und kein Bewusstsein besitzt.

Und das muss bei einer monistischen Philosophie auch so sein, denn nur dann, wenn der Urgrund, sei dieser nun Materie oder Geist, als homogen und strukturlos oder, alternativ, als nicht erkennbar bzw. nicht beschreibbar angenommen wird, entspricht er den Anforderungen an die grundlegende „Substanz" in einem monistischen System. Es ist ja gerade das Ziel des monistischen Weltbilds, „Alles, was ist" auf eine einzige ungeteilte Ursache zurückführen zu können. Und dies ist nur bei einer eigenschaftslosen, formlosen Ursubstanz ohne Bewusstsein möglich. Wären Eigenschaften, Formen oder gar Bewusstsein vorhanden, dann wäre dieser Urgrund nicht die letzte Instanz des Seins, sondern er selbst könnte weiter differenziert und unterteilt werden, und dies so lange, bis endlich nur noch Eins übrig ist (Monismus = griechisch monos = einzig, allein).

Folgerichtig sind alle Systeme, die sich auf der Grundlage des Monismus bewegen, sei es nun der Materialismus oder der Spiritualismus, in letzter Konsequenz atheistisch! Dies werden viele Anhänger spiritualistischer Philosophien nicht gerne hören und sicher zurückweisen. Eine solche Zurückweisung erfolgt in der Regel allerdings nur deswegen, weil die zugrunde liegenden Lehren oft nicht ganz bis zu Ende gedacht werden. Denn es macht selbstverständlich nur sehr wenig Sinn, ein formloses, eigenschaftsloses Etwas ohne Bewusstsein Gott zu nennen. Obwohl sogar dies von einigen Vertretern derartigen Systeme durchaus, und oft sogar ganz bewusst, getan wird.

Weiter ist festzuhalten, dass auch der Spiritualismus nicht über grundlegende Werte und Normen verfügt. Auch dies liegt im form- und eigenschaftslosen geistigen Urgrund begründet. Denn wenn es auf der Ebene des grundlegenden letzten Seins nur ewige bewegungslose Stille ohne Eigenschaften und ohne Werte gibt, dann gehören alle Formen, alle Werte und alle Eigenschaften zwangsläufig zu den nachgeordneten Entfaltungsstufen der Wirklichkeit, und damit befinden sie sich im feinstofflichen oder im grobstofflichen Bereich der Materie und unterliegen, sofern wir sie erkennen können, unserer menschlichen Interpretation. Mehr noch als beim Materialismus ist also auch beim Spiritualismus letztlich der Mensch das Maß aller Dinge!

Die Konsequenzen, die sich daraus ergeben, dass es sich auch beim Spiritualismus in Wahrheit um eine atheistische Philosophie ohne Werte und Normen handelt, sind gravierend!

Aber vor allem ist das Fehlen vorgegebener Werte und Normen eine ganz wesentliche Ursache dafür, dass der Spiritualismus als Alternative zum Materialismus, wie bereits erwähnt, heutzutage einen so großen Zuspruch erfährt. Da er sich ebenso wie das materialistische Weltbild auf eine eigenschaftslose und wertfreie Grundsubstanz ohne Bewusstsein bezieht, gewährt er seinen Anhängern ein größtmögliches Maß an persönlicher Freiheit. Wir brauchen unserem überhöhten Ideal der unbedingten und unantastbaren freien Entfaltung unserer Persönlichkeit also nicht abzuschwören, wenn wir uns vom Materialismus lösen und uns dem Spiritualismus zuwenden. Dies ist auch einer der ganz wesentlichen Gründe für die große Attraktivität, die zum Beispiel die buddhistische Lehre heutzutage in der westlichen Welt genießt. Aber auch alle Yogasysteme und all die sonstigen traditionellen und modernen westlichen und östlichen Schulen und Lehren, die sich auf der Grundlage des Spiritualismus bewegen, profitieren von dieser, im System liegenden, Beliebigkeit und Unverbindlichkeit. Jeder kann tun und lassen, was er will. Alles ist irgendwie richtig! Alles ist gut!

Diese Haltung und Einstellung wird besonders deutlich in einer Aussage von Aleister Crowley, einem englischen Denker des beginnenden 20. Jahrhunderts, der die Philosophie des spirituellen Monismus ohne objektiven Werte und Normen in ganz besonderer Weise verinnerlicht hatte. Sein

Credo lautete: „Tu, was du willst, sei das ganze Gesetz!"

Genau wie beim Materialismus gibt es im Spiritualismus keine vorgegebenen oder gar gottgegebenen Regeln und Gesetze. Es gibt weder Gut und Böse noch Richtig und Falsch! Alles ist möglich! Und vor allem: Alles ist relativ! Denn „Alles, was ist", ist ja selbst entfalteter Geist und existiert daher in vollkommener Gleichwertigkeit. Wenn alles direkt oder indirekt von der Quelle des Seins kommt, dann macht es keinen Sinn, zwischen Gut und Schlecht, Schön und Hässlich, Licht und Dunkel zu unterscheiden. Alles ist dann gleichermaßen Ausdruck des ursächlichen Seins, und damit ist „Alles, was ist", egal, was es ist, und egal, wie es ist, immer ein gleichwertiger Bestandteil der Welt und der Wirklichkeit, sinn- und wertfrei, so wie es eben ist!
Thorwald Dethlefsen, ein zeitgenössischer Denker und Autor im Bereich der modernen Esoterik, der für seine brillanten Vorträge und Veröffentlichungen bekannt ist, brachte die wertfreie Haltung des Spiritualismus in einem seiner Werke wie folgt auf den Punkt: „Weigere ich mich auszuatmen, so kann ich auch nicht mehr einatmen. Nehme ich den negativen Pol des elektrischen Stroms weg, so verschwindet auch der positive Pol. Genau so bedingt der Friede den Krieg, das Gute erzwingt das Böse, und das Böse ist der Dünger des Guten. ... Alle Dinge sind an sich völlig wertfrei und neutral. Die Einstellung des Menschen macht aus ihnen erst Gegensätze der Freude und des Leids."

Besser hätten es auch lupenreine Materialisten wie zum Beispiel der Biologe Richard Dawkins oder der Physiker Stephen Hawkins nicht ausdrücken können. Der Spiritualismus schafft, genau wie der Materialismus, eine Welt der Willkür, ohne feste Werte und ohne feste Normen. Und genau diese Haltung, nach der „Alles, was ist", relativ ist und alles erst durch die Definition des Menschen einen Wert erhält, ist die Handlungsgrundlage unserer modernen Zeit. Im Kleinen und im Großen, im persönlichen Bereich und im öffentlichen Raum, auf politischem, wirtschaftlichem und religiösem Gebiet wird nach der Devise „Ich selbst bestimme, was für mich gut und richtig ist!" entschieden und gehandelt. Die teilweise apokalyptisch anmutenden Auswirkungen dieses Tuns können wir auf allen Ebenen beobachten.

Aber es geht noch schlimmer! Der Spiritualismus übertrifft den Materialismus in Bezug auf die Fehleinschätzung des Menschen bei weitem. Während im materialistischen Weltbild fälschlicherweise, aber noch vergleichsweise harmlos davon ausgegangen wird, der Mensch sei ein zufälliges Produkt der biologischen Evolution und damit nur ein intelligenter Affe, macht der Spiritualismus den Menschen größer als Gott. In einem Interview, das der bekannte Autor Jan van Helsing mit einem Hochgrad-Freimaurer führte, erklärte dieser: „Unrecht ist im Grunde genommen nur ein subjektives Erlebnis. Objektiv gibt es das nicht. ... weil es das Gute und das Böse, die sich als zwei Prinzipien gegenüberstehen, gar nicht gibt. ... Es gibt keine Schuld und keine Sünde. ... Warum? Weil wir selbst Gott sind.

... Wenn man in der Lage ist, sich als Mensch zu verwirklichen, dann ist man selbst Gott, dann ist man größer als Gott."

Diese Haltung mag schockieren, sie wird aber sofort verständlich, wenn man sich daran erinnert, dass der spirituelle Monismus, auf dem auch die philosophischen Lehren der Freimaurer-Bewegung basieren, den Urgrund allen Seins, also Gott, als formlose, eigenschaftslose Energie ohne Bewusstsein betrachtet. Gott wird hier also ganz und gar als ein neutrales energetisches Potential gesehen und nicht als eine eigenständige bewusste Entität. Gott gestaltet und verwirklicht sich daher erst in und durch seine Schöpfung und erhält so erst mit seiner Verwirklichung im Menschen so etwas wie ein Selbst-Bewusstsein und die damit verbundenen Erkenntnis- und Reflexionsmöglichkeiten. In diesem Licht betrachtet ist der Mensch wahrlich „Gott in Menschengestalt" und damit größer als Gott in seinem ursprünglichen, unbewussten Sein. Der Geist, also Gott, durchläuft somit in Form seiner Schöpfung eine Art Evolution und gewinnt sukzessiv an Bewusstsein. Wie wir später sehen werden, ist dies eine abwegige und abenteuerliche Vorstellung, aber genau so sieht man das zum Beispiel in esoterischen Kreisen der Freimaurer. Aber nicht nur dort! Diese Haltung ist in unterschiedlichen Varianten, in mehr oder weniger ausgeprägter Form, in nahezu allen Richtungen der modernen Esoterik, im Bereich des Buddhismus, des Yoga und in vielen anderen philosophischen Systemen anzutreffen.

So erklärt zum Beispiel Paramahansa Yogananda, ein angesehener Yoga Meister und spiritueller Lehrer in einem seiner Bücher: „Wer seine Gottgleichheit erkannt hat, steht außerhalb der physikalischen Kausalität. Er ist fähig, jedes Wunder zu vollbringen." und Yogi Bhajan, ein ebenso bekannter Meister des Kundalini Yoga, gibt seinen Schülern das Mantra: „Gott und ich - ich und Gott sind Eins!" Beide Personen betreiben nicht etwa böswillige Blasphemie, ganz im Gegenteil! Sie verstehen Ihre Aussagen ganz und gar positiv und konstruktiv auf Gott bezogen. Beide bewegen sich dabei auf der Grundlage des Advaita Vedanta und damit im Rahmen eines monistischen Systems, das den göttlichen Urgrund als unpersönliche Energie versteht, die sich im Bewusstwein des einzelnen Menschen widerspiegelt. Auf diese Weise offenbart sich Gott im inneren Selbst des Menschen und umgekehrt soll der Mensch seine Wesenidentität mit Gott erkennen.

Somit fördert der Spiritualismus auf der einen Seite häufig die Hybris des Einzelnen, auf der anderen Seite jedoch nimmt er dem Menschen als Individuum seine ewige und damit kosmische Dimension.

Ähnlich wie es beim Materialismus der Fall ist, lehnt nämlich auch der Spiritualismus eine dauerhafte individuelle Existenz des Menschen ab. Während der Materialismus behauptet, dass die Wahrnehmung einer eigenständigen Persönlichkeit schlicht eine Täuschung ohne jede substantielle Grundlage ist, bestätigt der spirituelle Monismus zwar den geistig-seelischen Kern des einzelnen

Menschen als eine eigenständige Realität, dieser Kern jedoch existiert nur eine begrenzte Zeit. Der Mensch entsteht als eigenständiges geistig-seelisches Wesen durch seine Trennung vom Ursprung allen Seins, vom Geist an sich, von Gott, und er entwickelt Formen, Eigenschaften und Bewusstsein im Verlauf eines kosmischen Evolutionsprozesses, an dessen Ende er zum Ursprung, zum reinen Geist, zu Gott zurückkehrt und mit diesem erneut zur Einheit verschmilzt. In einem häufig gebrauchten Bild für diesen Vorgang der temporären Trennung und erneuten Verschmelzung wird der Einzelne als ein Wassertropfen und der Urgrund des Seins als weiter Ozean dargestellt. Solange der Tropfen vom Ozean getrennt ist, nimmt er sich als Einzelwesen wahr, sobald er wieder mit dem Ozean verbunden ist, löst er sich auf in der unermesslichen Weite des gesamten Seins.

Nach der Anschauung des Spiritualismus beschränkt sich die individuelle Existenz des Einzelnen somit auf die begrenzte Zeitspanne während seiner Trennung vom geistigen Ursprung. Dieser Auffassung stehen auch die Lehren der Reinkarnation nicht entgegen, die in vielen der zugehörigen Philosophien gelehrt werden. Denn selbstverständlich kann der evolutionäre Weg des Menschen über viele Stationen und Wiedergeburten verlaufen, ehe eine Rückkehr zum Ursprung erfolgt und der Einzelne dann erneut mit dem Urgrund des Seins zur Einheit verschmilzt.

Wenn wir es zusammenfassen, bietet uns der Spiritualismus eine Philosophie, die unsere Welt und

„Alles, was ist", besser und umfassender erklärt, als der Materialismus dies könnte. Dennoch handelt es sich beim Spiritualismus, ebenso wie beim Materialismus, um eine atheistische Philosophie, die keine objektiven Werte und Normen beinhaltet. In Bezug auf den Menschen verleitet der Spiritualismus zur Selbstüberschätzung, indem er den Menschen selbst als Gott ansieht oder ihn sogar über Gott erhebt. Gleichzeitig jedoch widerspricht der Spiritualismus einer ewigen Existenz des Einzelnen, denn die Dauer des persönlichen Daseins beschränkt sich auf die Zeit seiner Trennung von Gott, dem Ursprung allen Seins. Am Ziel der Reise, bei seiner Rückkehr zu Gott, verliert der Mensch seine Eigenständigkeit, er verschmilzt erneut mit dem Urgrund des Seins, wie ein Tropfen im Meer der Unendlichkeit.

Gott ist nicht nur Energie und Einheit (Nondua-
lität), sondern auch Bewusstsein und Person
(Individualität). Erst beides zusammen ist die
Ganzheit, weshalb dieses Gottesverständnis,
das beide Aspekte umfasst, als ganzheitlich
und „theistisch" bezeichnet werden kann, im
Gegensatz zu monotheistischen Lehren (Religionen mit Monopolansprüchen) und monistischen Systemen (Systeme, die die Einheit ver-
absolutieren), denn das sind beides Einseitig-
keiten, die nur eine der beiden Seiten der
Ganzheit sehen.

(Armin Risi, 1962, Vedischer Mönch, Philosoph, Buchautor)

Teil III Theismus

So wie wir den Materialismus und den Spiritualismus vorstehend betrachtet haben, handelt es sich in beiden Fällen um monistische Philosophien. Und wie wir wissen, soll beim Monismus „Alles, was ist" auf ein einziges Prinzip zurückgeführt werden. Beim Materialismus ist dieses einzige Prinzip die Materie und beim Spiritualismus ist es der Geist.

Dass es sich bei beiden Philosophien, also auch beim Spiritualismus, bei genauer Betrachtung um atheistische Lehren handelt und beide Philosophien keine objektiven Werte und Normen beinhalten oder vermitteln können, mag auf den ersten Blick überraschend sein. Bei genauerer Betrachtung erkennen wir jedoch sehr schnell, dass der Grund für die nicht vorhandenen Werte und Normen sowie für das Nichtvorhandensein von Gott bei beiden Philosophien auf der Ursachenebene liegt, also bei der Beschreibung des letzten Prinzips, das „Allem, was ist", zugrunde liegt. Während uns das Resultat beim Materialismus nicht besonders überrascht – schließlich ist Gott etwas anderes als Materie, und Materie ist halt wert- und sinnfrei –, ist es beim Spiritualismus umso überraschender!

Rein gefühlsmäßig hätte man erwarten können, dass der Spiritualismus, der ja den Geist als Ursachenebene und letztes Prinzip definiert, sowohl Werte und Normen als auch eine göttliche Existenz beinhaltet. Dass dies nicht so ist, liegt daran, dass der Spiritualismus den Geist als homogene, eigenschaftslose Energie beschreibt. Da es sich um eine monistische Philosophie handelt, geht das auch gar nicht anders! Denn der Geist, als der Urgrund und damit als das grundlegende Element allen Seins, muss eine ungeteilte Einheit bilden. Nur dann wird er dem Anspruch des Monismus gerecht (griechisch monos = einzig, allein). Und als ungeteilte, undifferenzierte Einheit kann er weder eine Form besitzen noch Eigenschaften haben oder mit Bewusstsein ausgestattet sein. Er muss „Nichts" sein! Denn wäre er „Etwas", wären also irgendwelche Merkmale vorhanden, würde es sich eben nicht um die letzte Einheit handeln, sondern um etwas Zusammengesetztes, das wiederum in seine Einzelteile zerlegt werden kann und somit nicht den Grundstein bildet.

Mit dieser Konsequenz werden die auf dem Spiritualismus gründenden Lehren und Philosophien jedoch meist nicht zu Ende gedacht. So schwirren oft mehr oder weniger diffuse Begriffe von Gott als formlose Bewusstseins-, Lebens- oder Liebesenergie und ähnliche Vorstellungen in diesen Lehren umher. Zugleich wird sorgsam darauf geachtet, möglichst nicht zu werten und vor allem nichts zu bewerten, denn objektive Werte gibt es ja ebenfalls nicht. Alles ist wertneutral, so, wie es eben ist. Eine Wertung entsteht danach erst bei der Betrachtung durch den Menschen. Auch hier wird zumeist nicht hinterfragt, ob das wirklich stimmt, ob also Krieg tatsächlich von Natur aus gleichwertig ist mit Frieden und Liebe tatsächlich gleichwertig mit Hass. Sogar Licht und Schatten werden oft als gleichwertige Gegensätze dargestellt, obwohl jedem klar sein sollte, dass Licht von sich aus keinen Schatten wirft.

Wo liegt nun der entscheidende Fehler, der Gott zu einem eigenschaftslosen „Nichts" macht und zu einer so verzerrten Wahrnehmung der Wirklichkeit, ohne objektive Werte und Normen führt? Es ist genau diese Forderung des Monismus, nach einer ungeteilten ersten Einheit als Grundlage des Seins, die uns auf Abwege geraten lässt. Denn der Monismus berücksichtigt nicht die transzendente Natur der Seinsgrundlage! Er lässt außer Acht, dass es sich beim Fundament von „Allem, was ist", also bei Gott, um ein Jenseitiges Sein, um Transzendentes Sein bzw. Absolutes Sein handelt. Stattdessen definiert der Monismus Gott nach den Vorgaben des Diesseitigen Seins und damit nach den Regeln unserer relativen Welt.

Gott jedoch gehört in seinem ewigen absoluten Sein nicht zu unserer relativen Welt (lateinisch relatus = bezüglich, bezogen auf). Vielmehr ist Gott die transzendente Grundlage unserer relativen Welt. Unsere Welt ist abhängig von Gott – Gott ist nicht abhängig von unserer Welt. Gott ist absolut! (lateinisch absolutus = unabhängig, losgelöst, vollendet) Somit kann und darf Gott nicht nach den Vorgaben unserer relativen Welt definiert werden. Die Forderung des Monismus, dass es sich bei Gott um eine homogene, form- und eigenschaftslose Energie zu handeln hat, ist schlicht falsch! Dies wurde schon vor mehr als tausend Jahren von dem indischen Philosophen Ramanuja in der Lehre des Vishishta Advaita formuliert. Dort heißt es: Gott ist der unteilbare Eine, die homogene Grundlage des Seins, aber er besitzt dennoch Qualitäten, also Eigenschaften! Wie geht das? Nun, Gott ist in erster Linie transzendental. Er befindet sich damit außerhalb der Reichweite des Monismus! Er befindet sich jenseits der monistischen Definitionen! Gott ist absolut! Er ist vollkommen unabhängig von jeder äußeren Vorgabe oder Beschreibung. Gott kann sein, wie er will, und wie er sein will, bestimmt nur er, ohne dass irgendjemand oder irgendetwas darauf Einfluss nehmen könnte. Gott ist absolut unabhängig! Genau das macht ihn ja zu Gott, und genau dadurch, durch seine absolute Unabhängigkeit, unterscheidet er sich von allem anderen, was ist. Denn alles andere, was ist, hat seinen Ursprung in Gott und ist daher von ihm abhängig.

Weil es sich um den alles entscheidenden Faktor unserer Betrachtungen handelt, hier noch einmal die zentrale Aussage: Gott befindet sich außerhalb unseres Bezugssystems und kann daher nicht mit den Mitteln unseres Systems vollständig definiert und beschrieben werden. Gott ist transzendent – also jenseits unserer Welt bzw. über unsere Welt hinausgehend. Gott ist absolut, das heißt, er ist allumfassend, vollkommen unabhängig und nur aus sich selbst heraus seiend.

Die Tatsache, dass Gott ein absolutes Wesen ist und sich außerhalb unserer relativen Welt befindet, heißt aber nicht, dass er für uns ganz und gar unerkennbar ist und bleibt. Denn wenn er vollständig unerkennbar wäre, dann wäre er nicht absolut!

Gott entzieht sich zwar auf der einen Seite den Definitionen der relativen Welt, aber auf der anderen Seite gibt er sich uns dennoch zu erkennen.

Und dieses Erkennen ist vielfach und immer wieder geschehen. Wir besitzen unendlich viele Berichte und Beschreibungen, die in transzendentalen Erlebnissen und Begegnungen mit Gott gewonnen wurden. Wir kennen seine Erscheinung und seine Eigenschaften aus erster Hand. Wir haben Wissen von ihm und von den absoluten Werten, für die er steht.

Wenn die Prinzipien der gleichzeitigen Transzendenz und Immanenz einmal verstanden worden sind und zusätzlich auch Klarheit bezüglich der Unterschiede zwischen absolutem und relativem Sein gewonnen werden konnte, wird sofort deutlich, dass es in der relativen Welt, also auch in unserer materiellen Wirklichkeit, nichts geben kann, was nicht zuvor bereits in der absoluten Welt vorhanden ist. Denn die relative Welt ist von der absoluten Welt abhängig, ja sie entspringt ihr. Das heißt also, unsere materielle Welt und alle feinstofflichen Welten über oder neben ihr sind so etwas wie ein Spiegel der transzendenten Inhalte von Gottes Allmächtigkeit. „Alles, was ist" hat seinen Samen, seinen Kern in Gott. Und um es bereits an dieser Stelle deutlich zu sagen: Dies gilt selbstverständlich auch für jeden einzelnen Menschen und für die Individualität aller Geschöpfe. Wir alle, und alle unsere Mitgeschöpfe, sind Teile oder „Kinder" Gottes!

Das heißt andersherum: Wenn es in den relativen Welten, also in unserer materiellen Wirklichkeit und in den parallelen, feinstofflichen Ebenen des Universums so etwas wie individuelles Sein, nämliche Persönlichkeit und Individualität mit Formen und Eigenschaften gibt, dann muss dies zwingend bereits zuvor in der absoluten Welt vorhanden sein, denn die absolute Welt ist die Grundlage der relativen Welt.

Im Klartext: Wenn wir in unserer relativen Welt individuelle Wesen sind, mit Körpern und Eigenschaften, dann muss dies auch für Gott in seiner absoluten Welt gelten. Etwas anderes ist nicht möglich, denn das Relative kann nicht mehr sein als das Absolute, dem es entstammt.

Dieser Sachverhalt spiegelt sich auch in der biblischen Schöpfungsgeschichte wider. Dort heißt es: „Und Gott sprach, lasset uns Menschen schaffen, als unser Abbild, uns ähnlich." (Gen. 1.26)

Wir können daher bereits jetzt festhalten: Gott ist Person! Zumindest aber ist er auch Person! Er ist nicht auf personales Sein beschränkt und er muss sich nicht auf personales Sein beschränken, aber er kann Person, mit Form und Eigenschaften, sein, wenn er dies will! Und damit ist auch klar, dass Gott selbstverständlich Bewusstsein besitzt und über einen Willen verfügt. Wir können Gott als Person, als Gegenüber, als einem Individuum mit Eigenschaften und Bewusstsein begegnen!

Ohne Bewusstsein und ohne Willen, also ohne zielgerichtete Intention von Gott gäbe es keine Schöpfung und selbstverständlich auch keine Geschöpfe! Wir und alle Lebewesen sowie die Welten und Universen um uns herum sind das Produkt von Gottes zielgerichtetem Willen. Ein unbewusstes „Nichts" bringt nämlich nichts hervor und das unbewusste „Alles" ebenso wenig.

Gott ist das absolute, ewige, allumfassende Individuum, dem nicht nur wir, sondern das gesamte relative Sein seine Existenz verdanken. Und der Begriff Individuum verweist tatsächlich auch auf die vom Monismus geforderte Eigenschaft, nach der die letzte Grundlage allen Seins, also Gott, ein einheitliches, nicht teilbares Ganzes zu sein hat. Ganz genau dies besagt der Begriff Individuum (lateinisch Individuum = Unteilbares, Einzelnes). Gott als ewiges, allumfassendes Individuum ist damit exakt diese nicht teilbare, absolute Grundlage des relativen Seins. Wir sehen also: Wenn wir den Fehler des Monismus vermeiden und keine relativen Maßstäbe an das Absolute anlegen, kommen wir auch zu einem richtigen Ergebnis.

Aber der Begriff Individuum trifft nicht nur auf Gott zu, sondern auch auf uns. Gottes ewiges, individuelles Sein spiegelt sich in seiner Schöpfung. Auch wir, ebenso wie alle anderen Lebensformen, sind ewige Individuen, also „unteilbare Wesen". Und mit dieser Individualität, dieser Unteilbarkeit, haben auch wir einen Anteil an der Transzendenz, an der jenseitigen, absoluten Welt. Denn etwas Unteilbares ist absolut! Es kann eben nicht weiter geteilt oder verändert werden. Es ist auf ewig so, wie es ist. Ohne Abhängigkeit von irgendwelchen Einflüssen. Und genau das ist die Eigenschaft des absoluten Seins! Mit unserer Individualität haben wir also Anteil an Gottes absolutem Sein! Wir sind so etwas wie göttliche Teile, Aspekte von ihm oder auch Strahlen seines Lichts. Und damit, mit unserem Anteil an Gottes absolutem Sein, sind auch wir ewige Individuen. Dies bezieht sich natürlich nicht auf unseren materiellen Körper, sondern auf unseren unvergänglichen, individuellen Geist und insbesondere auf unser Bewusstsein. Unser ICH-BIN-Bewusstsein ist unvergänglich, mit ihm haben wir Anteil am ewigen, absoluten Sein.

Damit wird auch klar, dass der Mensch unsterblich ist! Sein materieller Körper wird bei seinem physischen Tod zwar vergehen, er selbst jedoch, mit all seinen geistig-seelischen Anteilen und seinem individuellen Bewusstsein, wird unverändert fortbestehen. Und als ein solches ewiges Individuum kann und wird der Mensch letztlich Gott begegnen. Ob das nach einem Leben oder gemäß der Reinkarnationslehre nach einer Vielzahl von Leben geschieht, ist dabei nicht erheblich. Und die Begegnung mit Gott wird eine Begegnung zwischen zwei Individuen sein. Natürlich ist der Mensch dabei weder gleichwertig noch gleichrangig mit Gott. Er ist ein „Kind" Gottes, von ihm geschaffen und von ihm abhängig, aber er ist aus dem gleichen ewigen Geist.

Vor dem Hintergrund von Gottes ewigem individuellem Sein wird außerdem deutlich, dass alle Theorien, die an eine Entwicklung oder gar an eine tatsächliche geistige Evolution Gottes oder des göttlichen Bewusstseins glauben, komplett in die Irre gehen. Zu meinen, Gott sei in seinem transzendenten Urzustand, also als Grundlage des Seins, wenig bewusst, unbewusst oder sogar ganz und gar ohne Bewusstsein und erlange sein Bewusstsein dann erst sukzessive im Rahmen der Entfaltung und Entwicklung seiner Schöpfung, zum Beispiel durch die Selbstwahrnehmungen und Reflexionen seiner Geschöpfe, ist geradezu absurd, denn es verkennt vollkommen die zentralen Eigenschaften des Absoluten!

Das Absolute, also Gott, ist ewig vollständig und komplett! Das Absolute ist zeitlos, es unterliegt nicht den Veränderungen der Zeit. Innerhalb des Absoluten gibt es keinen Zeitfluss und damit auch so etwas wie Entwicklung nicht. Das Absolute ist stets vollständig und umfasst alles, was jemals war, was ist und was sein wird. Und dies in ständiger Gegenwart des Hier und Jetzt. Gott ist immer und zu jeder Zeit die gesamte Vergangenheit, Gegenwart und Zukunft. Vergangenheit, Gegenwart und Zukunft, und damit so etwas wie Entwicklung, gibt es nur in unserer relativen Welt, in unserer materiellen Wirklichkeit. Bei Gott, im absoluten Sein, fallen alle diese Aspekte, also Zeit und Raum, in einem Punkt zusammen.

Weiter wird bei genauer Betrachtung des Absoluten deutlich, dass Gott keine Verminderung erfährt, wenn er die Schöpfung und die Lebewesen in Form von Emanationen aus sich selbst herausstellt. Gott ergießt sich in seine Schöpfung oder wird zu seiner Schöpfung und bleibt dennoch zugleich vollkommen unvermindert und unverändert das ewige, absolute, allumfassende Individuum. Das Absolute ist jederzeit vollständig, es umfasst stets alles, was ist, und es nimmt weder zu noch ab, egal was geschieht. Also wird Gott zur Schöpfung und bleibt zugleich außerhalb seiner Schöpfung, als Individuum, vollkommen unverändert bestehen.

Dieser Sachverhalt wird in einem bedeutenden vedischen Text wie folgt ausgedrückt:

„Der Persönliche Gott ist vollkommen und vollständig, und weil Er völlig vollkommen ist, sind alle Seine Emanationen, wie zum Beispiel die Erscheinungswelt, als vollständige Einheiten vollkommen ausgestattet. Alles, was vom Vollkommenen Ganzen hervorgebracht wird, ist ebenfalls in sich vollständig. Weil Er das Vollkommene Ganze ist, bleibt Er die völlige Ausgeglichenheit, obwohl zahllose vollständige Einheiten von Ihm ausgehen." (A. C. Bhaktivedanta Swami Prabhupada: Sri Isopanisad)

Das heißt, Gott verändert sich nicht. Er ist immer gleich und er ist immanent und transzendent zugleich!

Er wird zu seiner Schöpfung und bleibt gleichzeitig als Individuum außerhalb von ihr. Gott versprüht seine Energie in Form unzähliger individueller Lebensfunken und schafft damit uns selbst und unsere Mitgeschöpfe, zugleich jedoch bleibt er unverändert der eine, vollständige, absolute Gott, der keinen Wandlungen unterliegt.

Dieses Mysterium gleichzeitiger Wandlung und Beständigkeit sowie gleichzeitiger Transzendenz und Immanenz wird möglich durch Gottes absolutes Sein, das eben nicht den Maßstäben und Begriffen unserer relativen Welt unterliegt.

Aber das Mysterium geht noch weiter. Gott tut noch mehr. Er beschränkt sich nicht darauf, unsere Welt in einem einmaligen Akt der Schöpfung erschaffen zu haben und sie dann sich selbst zu überlassen. Der Deismus, der diese These vertritt, irrt, wenn er das Wirken Gottes auf den Schöpfungsakt beschränkt und keinen weiteren Einfluss von ihm auf die Welt akzeptiert.

Denn Gott beeinflusst die Welt! Ganz konkret, heute und in der Vergangenheit! Immer wieder hat Gott sich den Menschen offenbart und ihnen Wege zum Frieden, zur Liebe und zum Licht gezeigt. Die Geschichte der Menschheit kennt viele Beispiele von göttlichen Offenbarungen durch spezielle Ereignisse und Personen. Zum Teil betrachten wir diese Heilsbringer direkt als göttliche Inkarnationen, also konkret als Gott in Menschengestalt, und teilweise sehen wir in ihnen Menschen, die direkt von Gott inspiriert worden sind. In beiden Fällen erhalten wir Informationen von der Quelle des Seins, von Gott.

Besondere Beispiele für solche Offenbarungsgeschehnissen sind Rama und Krishna als göttliche

Inkarnationen in der vedischen Tradition (Hinduismus), Abraham und Moses als Begründer des Judentums, Jesus Christus als göttliche Inkarnation (Sohn Gottes) und Begründer des Christentums. Aber dies sind nur die herausragenden Beispiele die uns direkte Kunde von Gott geben. Zu allen Zeiten und in allen Kulturen gab es dieses direkte Einwirken Gottes auf uns Menschen und auch auf die Schöpfung. Gott hat uns nie allein gelassen.

Zusätzlich zu den göttlichen Inkarnationen und den menschlichen Vermittlern oder Propheten beziehen sich viele religiöse und spirituelle Traditionen auch auf göttliche Botschaften und Informationen, die uns aus höheren Dimensionen übermittelt werden. Gott zugewandte Wesen aus den parallelen, feinstofflichen Ebenen des Universums, die wir im abendländischen Kulturraum üblicherweise als Engel bezeichnen und die in anderen Kulturen zum Beispiel als Devas bekannt sind, weisen uns auf Gott und auf seine Wünsche hin.

Unabhängig vom konkreten Vorgang der jeweiligen Offenbarung handelt es sich bei all den vermittelten Informationen und Inhalten um sogenanntes „herabgereichtes Wissen", also um Wissen, das wir nicht selbst, durch unsere eigenen Überlegungen und Schlussfolgerungen gewonnen haben, sondern das uns direkt oder indirekt von Gott oder in seinem Auftrag ohne unser aktives Zutun gegeben worden ist. All diese Quellen sind wichtige Informationen über die Absichten, die Wünsche und die Ziele Gottes. In ihnen finden wir nicht nur Aussagen über Gott selbst, mit denen er sich und sein Handeln erklärt, wir finden ebenso Informationen über das Universum und die Welt, in der wir leben, und nicht zuletzt finden wir wichtige Informationen über uns selbst.

Insbesondere können wir aus diesen Offenbarungen die persönlichen Eigenschaften Gottes herleiten und verbindliche Werte und Normen für unser Leben erkennen. Liebe und Gerechtigkeit, Wahrhaftigkeit und Aufrichtigkeit, Pflichterfüllung und Beständigkeit, Treue und Vergebung, Toleranz und Gleichmut sind stets wiederkehrende, zentrale Begriffe in Gottes Offenbarungen. Bei diesen und weiteren Werten der nur beispielhaften und nicht vollständigen Aufzählung handelt es sich daher nicht um beliebige, grundsätzlich wertneutrale Verhaltensweisen, wie es uns der Materialismus und der Spiritualismus nahelegen möchten, es sind ausdrücklich von Gott gelehrte und von ihm gegebene Handlungsempfehlungen für uns.

Wir haben also lediglich vergessen, in unserer Welt nach Gott Ausschau zu halten und auf seine Offenbarungen zu hören. Oder – und das kam und kommt leider noch viel häufiger vor – wir haben ihn und seine Offenbarungen missverstanden und seine Botschaften falsch interpretiert.

Das Problem besteht nämlich darin, dass Gott bei seinem direkten Wirken in der Welt stets auf den Widerstand der Menschen stößt. Die von Gott abgewandte Menschheit, die keinen über ihr stehenden Herrn akzeptieren will, weigert sich die Offenbarungen Gottes anzunehmen. Dies führt dazu, dass die Menschen Gottes Botschaften oft verzerren und sie immer wieder falsch interpretieren oder missverstehen. Und durch vorgefertigte Meinungen und Urteile werden Gottes Offenbarungen oft sogar vorsätzlich und ganz bewusst entgegen der eigentlichen Botschaft im eigenen, von menschlichen Begierden getriebenen Sinne benutzt und eingesetzt. Auf diese Weise wurden und werden auch die Religionen und die religiösen Philosophien sehr oft zum Spielball menschlicher Verwirrung und der gegen Gott gerichteten Kräfte. Auf religiösem Gebiet ist nicht alles Gold, was glänzt. Manchmal trügt uns schlicht der Schein!

Doch es gibt für uns eine sichere Möglichkeit, die verschiedenen Geister und die unterschiedlichen Wege zu unterscheiden und so die Wahrheit von der Täuschung zu trennen: „Den Geist dämpfet nicht, die Weissagung verachtet nicht, prüft aber alles, und das Gute behaltet." Dies rät der Apostel Paulus den Tessalonichern in seinem ersten Brief an sie vor nahezu zweitausend Jahren: „Prüft aber alles uns das Gute behaltet." Und was ist das Gute? Nun auch das wird in den christlichen Texten eindeutig beantwortet: Der Apostel Matthäus schreibt: „Seht euch vor, vor den falschen Propheten, die in Schafskleidern zu euch kommen, inwendig aber sind sie reißende Wölfe. An ihren Früchten sollt ihr sie erkennen. ... So bringt jeder gute Baum gute Früchte; aber ein fauler Baum bringt schlechte Früchte. Ein guter Baum kann nicht schlechte Früchte bringen und ein fauler Baum kann nicht gute Früchte bringen. ... Darum, an ihren Früchten sollt ihr sie erkennen." An diesen klaren und eindeutigen Aufforderungen sollten sich nicht nur christlich orientierte Menschen orientieren, denn sie taugen für alle, um Gottes Worte und Gottes Weisungen von menschengemachten Irrtümern und falschen Interpretationen zu unterscheiden.

Und eine solche Unterscheidung ist unbedingt notwendig! Denn im Gegensatz zur Überzeugung der Spiritualisten, die, wie wir gesehen haben, von einer komplett wertfreien Welt ausgehen, müssen wir in Wirklichkeit ständig zwischen Gut und Böse, Richtig und Falsch sowie Wahrheit und Lüge unterscheiden. Es ist nicht alles gleich! Nicht alle Religionen führen zum selben Ziel! Es ist nicht egal, welchem Weg wir folgen und auf welches Ziel wir uns ausrichten! Unsere Welt ist eben nicht das wertfreie Produkt einer neutralen, unbewussten Quelle, sondern sie ist die Schöpfung des allumfassenden ewigen Individuums, das wir Gott nennen. Und dieser Gott hat ein Bewusstsein und einen zielgerichteten Willen. Das, was wir in unserer Welt und in unserem Universum vorfinden, und all das, was in den parallelen, feinstofflichen Dimensionen des Seins anzutreffen ist, wurde von Gott bewusst geschaffen und gestaltet.

Aber! Gott hat seine Schöpfung nicht wie ein Uhrwerk erschaffen, das, nachdem es einmal von ihm aufgezogen wurde, automatisch nach seinen Regeln abläuft. Gott hat etwas ganz Außerordentliches getan! Er hat eine eigenständige, von ihm unabhängige Dynamik in seine Schöpfung eingebracht. Der Schlüssel für diese eigenständige, von ihm unabhängige Dynamik heißt: freier Wille! Gott hat all seine Geschöpfe mit einem freien Willen ausgestattet. Er hat ihnen die Möglichkeit gegeben, in jeder Situation frei zu wählen und sich frei zu entscheiden. Damit öffnet er seine Schöpfung für etwas Neues, etwas, das nicht von ihm vorgegeben worden ist. Gott macht aus seiner Schöpfung so etwas wie ein großes Experiment, indem er seinen Geschöpfen erlaubt, ihren eigenen Willen zu entfalten und ihre eigenen Wege zu gehen.

Und von dieser Freiheit machen seine Geschöpfe tatsächlich Gebrauch! Wir selbst, unsere Mitmenschen und alle bewussten Wesen in der Welt um uns her legen großen Wert darauf, frei entscheiden zu können, was sie denken, was sie glauben, was sie tun. Und dies gilt nicht nur für unsere materielle Ebene des Seins, auch in den feinstofflichen Dimensionen besitzen die dort lebenden Geschöpfe Gottes einen freien Willen und entsprechend gestalten sie ihr Sein.

Durch den freien Willen hat Gottes Schöpfung eine eigene Dynamik entwickelt und sie bestimmt die Richtung Ihrer Entwicklung somit selbst! Die Schöpfung insgesamt schreitet in der Richtung voran, die der kollektive, gesammelte Wille der in ihr lebenden Geschöpfe vorgibt. Mit unserem freien Denken, Fühlen, Wollen und Tun gestalten wir unsere Welt und unser Schicksal also selbst und dies sowohl auf individueller als auch auf kollektiver Ebene. Und hierbei müssen wir stets zwischen Gut und Böse, Richtig und Falsch sowie Wahrheit und Lüge unterscheiden.

In seinen unzähligen und zum Teil sehr eindringlichen Offenbarungen weist uns Gott dabei den Weg. Er sagt und zeigt uns, was gut, richtig und wahr ist. Er gibt uns Ermahnungen und Handlungsempfehlungen. Mit unserem seelischen Empfinden und in unserem unsterblichen ICH-BIN-Bewusstsein haben wir darüber hinaus eine Art inneren Kompass, der stets auf Gott ausgerichtet bleibt und uns intuitiv wissen lässt, was gut, richtig und wahr ist. Aber stets haben wir trotzdem die Freiheit, selbst zu entscheiden, was wir tun. Gott zwingt uns nicht, unserem Gewissen oder seinen Empfehlungen zu folgen.

Viele Menschen sind in ihrem Leben auf Gott ausgerichtet und bemühen sich darum, seine Weisungen anzunehmen und umzusetzen. Andere Menschen sind daran weniger interessiert. Sie orientieren sich primär an ihren eigenen Wünschen und Vorteilen, ohne dabei jedoch ihr inneres Gewissen vollständig zu ignorieren oder gar anderen vorsätzlich Böses zu tun. Es gibt jedoch auch Menschen, die ihr eigenes Wohl über alles setzen und ausschließlich ihre eigenen Vorteile verwirklichen, sogar wenn dies bewusst zu Lasten anderer geschieht. Diese Personen wenden sich mit ihrem Willen und mit ihrem Verhalten gegen Gottes Geschöpfe, gegen Gottes Schöpfung, gegen Gott!

Ein solches gegen Gott gerichtetes Tun wird möglich durch den freien Willen, den uns Gott gegeben hat! Obwohl wir alle Geschöpfe des einen, absoluten Gottes sind, können wir uns gegen unseren Schöpfer wenden und unseren gegen ihn gerichteten Willen zum Ausdruck bringen. Dies tun wir, indem wir uns bei unserem Handeln zum eigenen Vorteil zum Beispiel von Lug und Trug, Falschheit und Gewalt, Gier und Zerstörung antreiben lassen. Wenn wir unseren inneren, seelisch-geistigen Kompass zum Schweigen gebracht haben und durch eine der monistischen Philosophien, die die Wertfreiheit propagieren, einen ideologischen Schutzwall gegen Gott und die von ihm vermittelten Werte errichtet haben, dann merken wir nicht einmal, dass wir uns auf Abwegen befinden. Wir sind dann davon überzeugt, das Vernünftige und das Notwendige zu tun, das eben getan werden muss, damit wir unsere Ziele erreichen.

Auf diese Weise, bewusst oder unbewusst abgewendet von Gott und geschützt durch eine von uns selbst errichtete ideologische Mauer, kommt das Böse in die Welt. Gott selbst, als das Licht der Schöpfung, ist für das Böse nicht verantwortlich! Das Böse ist Ausfluss oder Resultat des freien Willens der von Gott abgewandten Geschöpfe. Gott, das Licht, strahlt nur Leben und Liebe aus, der Schatten und damit der Tod und der Hass entstehen, wenn eine Mauer errichtet wird, die sich den Strahlen Gottes, dem Licht, entgegenstellt, es unterbricht und aussperrt. Das Licht selbst wirft keinen Schatten! Der Schatten verdankt seine Existenz nur dem von uns im Licht errichteten Hindernis, mit dem seine Strahlen ferngehalten und ausgesperrt werden.

Es ist somit ein Irrtum und ein schlimmer Fehler, Gott für das negative Geschehen in unserer Welt verantwortlich zu machen. Denn die ausschließlich positiven Intentionen Gottes kennen wir doch genau aus all den Offenbarungen, in denen er uns über die Jahrhunderte und Jahrtausende begegnet ist. Seine Absichten sind auf das Leben, die Liebe und das Licht gerichtet. Er will unser Glück und er will unser geistig-seelisches und unser körperliches Wohlergehen, er will unsere Vollkommenheit. Aber auf allen Ebenen des Seins, in unserer materiellen Welt genauso wie in den parallelen Welten der feinstofflichen Dimensionen, gibt es nicht nur freundliche, auf Gott ausgerichtete, wohlwollende Wesen, es gibt ebenso Geschöpfe, die sich von Gott abgewandt haben und die seine Schöpfung für ihre eigenen Wünsche missbrauchen. Und aus diesen Quellen fließt das Unheil in die Welt.

In nahezu allen Offenbarungsüberlieferungen dieser Welt ist der sogenannte Sündenfall, also das Abwenden der Geschöpfe von Gott, auf diese oder jene Weise, mehr oder weniger ausführlich, beschrieben. Klar wird dabei, dass die Abkehr von Gott kein spezifisch irdisches Problem ist, sondern die gesamte Schöpfung umfasst. Gerade auch in den Dimensionen der feinstofflichen Welt, also von uns aus gesehen auf den himmlischen Ebenen, haben sich Gottes Geschöpfe von ihm entfernt und sich gegen ihn gestellt. Auf diese Weise wurden von den gottabgewandten Wesen die Bereiche der Schattenwelten geschaffen, die wir Hölle nennen. In christlicher Terminologie werden diese Wesen, die gegen Gott Stellung bezogen haben, Dämonen oder Teufel genannt, im Bereich der vedischen Literatur nennt man sie Asuras und in anderen

Teilen der Welt sind sie mit anderen Namen belegt.

Und hier wird besonders deutlich, dass wir zwischen Gut und Böse unterscheiden müssen! Nicht nur in Bezug auf unsere grundsätzliche Haltung und Ausrichtung in der Welt, sondern jederzeit in unserem täglichen Leben. Und wir müssen auch entscheiden, auf welche Seite wir uns stellen wollen, auf die Seite des Lichts oder in den Dienst der Finsternis?

Gott zwingt niemanden, sich ihm zuzuwenden. Jeder hat die Möglichkeit, seinem eigenen Weg zu folgen. Gott und die positiven, Gott zugewandten, lichtvollen Kräfte dieser Welt und im Jenseits achten den freien Willen jedes Einzelnen und respektieren seine freien Entscheidungen. Ganz im Gegensatz zu den negativen, Gott abgewandten dunklen Kräften. Diese drängen uns, manipulieren uns und versuchen, uns gegen unseren Willen zu beeinflussen und uns von sich zu überzeugen.

Gott dagegen möchte, dass wir seine Liebe spüren und diese Liebe in Freiheit erwidern! Er sehnt sich danach, von all seinen Geschöpfen geliebt zu werden! Nicht mehr und nicht weniger. Und damit möchte er genau das, was auch jeder Liebhaber hier auf Erden von seiner Geliebten möchte: dass er von ihr in gleichem Maße geliebt wird, wie er sie liebt!

In der vedischen Philosophie wird die von Gott angestrebte Liebesbeziehung mit uns durch die romantische Liebe des göttlichen Paares „Radha und Krishna" versinnbildlicht. Dabei steht Krishna für den ewigen, allumfassenden, absoluten Gott, und Radha, seine Partnerin, steht nicht nur für sich selbst, sondern symbolhaft auch für jeden Einzelnen von uns. Ein wundervolles Bild mit tiefer Symbolik und der deutlichen Aussage, dass Gott als ewiges Individuum dem ewigen, individuellen Selbst in jedem Einzelnen auf diese einzigartige Weise persönlich begegnen möchte.

Es geht bei der Rückkehr zu Gott also nicht um die Verschmelzung mit irgendeinem anonymen Urgrund oder um das Aufgeben der Individualität zugunsten einer homogenen, eigenschaftslosen Einheit in der Transzendenz. All das sind falsche Vorstellungen monistischer Ideologien. Gott möchte mit uns eine immerwährende Beziehung eingehen, eine Liebesbeziehung. Er liebt uns und wünscht sich, von uns in gleicher Weise geliebt zu werden. Und hier wird auch ein weiterer, vielleicht sogar der entscheidende Sinn und Zweck unser persönlichen Freiheit deutlich: Liebe ohne Freiheit gibt es nämlich nicht! Man kann niemanden zwingen, jemanden oder etwas zu lieben. So etwas wie erzwungene Liebe gibt es nicht! Liebe kann nur freiwillig und in Freiheit gegeben werden. Liebe kann nur auf der Grundlage von Freiheit entstehen. Gegenseitige Liebe ist ein freiwilliger Austausch zwischen zwei freien Individuen.

Gott kann uns also nicht zwingen, ihn zu lieben. So funktioniert Liebe nicht. Und Gott kann uns auch nicht mit eingebauter Liebe zu ihm erschaffen, denn das wäre keine Liebe, sondern eine von ihm programmierte und damit eine für ihn wertlose Eigenschaft. Erst durch die persönliche Freiheit, den freien Willen, den er uns gegeben hat, hat Gott die Grundlage geschaffen, dass wir uns ihm freiwillig zuwenden und ihn lieben können. Gott ist in diesem Punkt ganz und gar von unserem freien Willen, von unserer ureigenen Entscheidung abhängig. Und Gott hat sich uns, durch die Offenbarung seiner Liebe zu uns, bereits ausgeliefert. Er hat sich geöffnet und sich damit „verwundbar" gemacht, so wie ein Liebhaber sich verwundbar macht, wenn er vor seiner Geliebten kniet und sie fragt, ob sie ihn lieben und heiraten will. Was für ein unglaubliches Geschehen!

Und nach der christlichen Offenbarung geht Gott sogar noch einen gewaltigen Schritt weiter! Er sendet seinen eigenen Sohn als Mensch in unsere Welt, um uns den Ausweg aus unserem selbst verschuldeten Elend zu zeigen. Und Gottes grenzenlose Liebe zu uns Menschen wird dadurch zum Ausdruck gebracht, dass sich sein Sohn, Jesus Christus, freiwillig als Opfergabe zur Wiedergutmachung der menschlichen Ursünde hingibt. Erst durch diese selbstlose Tat grenzenloser Liebe wird die Menschheit von ihrer Urschuld befreit.

Ein solches stellvertretendes Opfer ist im Grundsatz auch in anderen Religionen bekannt. Im Hinduismus z.B. wird das von Anderen bewusst übernommene Leiden „Karma-Transfer" genannt. Aber beim freiwilligen Opfer von Jesus Christus geht es um eine ganz andere Dimension. Nur Gott selbst ist in der Lage, durch ein stellvertretendes Opfer die gesamte Menschheit zu erlösen. Nur im Christentum geht Gottes Liebe zu den Menschen so weit, dass er seinen eigenen Sohn zur Tilgung der menschlichen Urschuld hingibt, um dadurch den Menschen den Weg zurück zu ihm zu ermöglichen.

Ein vollkommen unfassbarer Akt der Liebe und der bedingungslosen Zuwendung! Denn auch hier ist das Opfer, das der Sohn Gottes, Jesus Christus, für die Menschen bringt, eine echte Vorleistung! Gottes Sohn opfert sich für die Menschen, um deren Ursünde zu tilgen und ihnen so den Weg zurück zu Gott zu ermöglichen. Aber Gott zwingt niemanden den Weg zurück auch zu gehen! Jeder Mensch kann frei entscheiden, ob er das Opfer von Jesus Christus annimmt und sich Gott zuwendet. Wenn er das tut und in Folge sein Leben nach Gottes Geboten ausrichtet, kann er zu Gott gelangen und Gott wird ihn mit offenen Armen empfangen! Die Bibel beschreibt diesen Vorgang wunderschön im Gleichnis von der Rückkehr des verlorenen Sohns: „Der Vater sah ihn schon von Weitem kommen und er hatte Mitleid mit ihm. Er lief dem Sohn entgegen, fiel ihm um den Hals und küsste ihn." (Luk 15,11-32) Was für eine großartige Perspektive für alle Menschen, die sich besinnen und guten Willens sind!

Die Freiheit des Menschen allgemein und die individuelle Freiheit des Einzelnen, die als ein ganz wesentlicher und antreibender Faktor beim Materialismus und bei Spiritualismus gesehen werden kann, ist also beim Theismus ebenfalls gegeben.

Ja man muss sogar sagen, diese Freiheit ist eigentlich nur und ausschließlich beim Theismus gegeben, weil nur hier das wirklich freie, ewige, individuelle Sein jedes Einzelnen als Wahrheit erkannt wird.

Wir sind ewige Individuen, die mit Gott, dem absoluten Individuum, in Beziehung stehen. Wir haben die Freiheit zu entscheiden, wie unsere Beziehung zu Gott aussehen soll. Wir können uns von ihm abwenden oder wir können die Liebe, die er uns entgegenbringt, erwidern. Genau hierin liegt unsere Freiheit!

Deutlich wird an dieser Stelle aber auch, dass unsere Freiheit nicht beliebig ist. Es macht einen konkreten Unterschied, ob wir uns für das Licht oder für die Dunkelheit entscheiden. Auf dem einen Weg wenden wir uns Gott zu und leben unser Leben als einen Weg zu ihm, hingewandt zu seinem Licht – auf dem anderen Weg wenden wir uns von ihm ab, gehen von ihm fort und leben unser Leben in der von uns geschaffenen Dunkelheit. Am Ende des einen Wegs wartet Gott auf uns, um uns zu umarmen – auf dem anderen Weg warten die Kräfte der Dunkelheit auf uns, um uns zu versklaven.

Doch auch in der tiefsten Dunkelheit gibt es Hoffnung! Ein Weg zurück ins Licht ist selbst dann möglich, wenn es auf den ersten Blick aussichtslos erscheint. Es genügt, einen einzigen Stein aus der hohen Mauer zu brechen, die die Lichtstrahlen von uns abhält. Bereits durch eine kleine Lücke wird ein wenig Licht fallen, sodass wir uns wieder orientieren können und unseren Weg durch das Labyrinth aus Irrtümern und falschen Vorstellungen zurück zu Gott finden.

Dies ist Hoffnung, die diesen Aufzeichnungen zugrunde liegt. Vielleicht treffen sie hier und da auf einen Leser, für den die niedergelegten Gedanken ausreichend inspirierend sind, sodass er oder sie sich selbst auf die Suche nach dem Licht und der Wahrheit macht.

Allen Lesern wird ein ausreichendes Maß an persönlicher Kraft für ihren individuellen Weg zu Gott gewünscht. Gott wartet auf uns alle, damit wir in ewiger, liebender Gemeinschaft mit ihm leben können.

Nichts soll dich ängstigen,
nichts dich erschrecken.
Alles geht vorüber.
Gott allein bleibt derselbe.
Alles erreicht der Geduldige,
und wer Gott hat, der hat alles.
Gott allein genügt.

(Teresa von Avila, 1515 -1582, christl. Mystikerin)

Das Glaubenssystem der Religionen

Jede Religion zeichnet sich in erster Linie dadurch aus, dass sie eine Reihe von Grundaussagen oder Glaubenssätzen besitzt, die als wahr gelten und die von den Mitgliedern der Gemeinschaft geglaubt werden müssen.

Und umgekehrt betrachtet, ist es genau dieser Glaube an die speziellen Grundaussagen einer bestimmten Religion, der direkt oder indirekt die Mitgliedschaft in dieser Gemeinschaft bewirkt. In der konkreten religiösen Praxis kommen dann oft noch bestimmte, formale Rituale hinzu, aber ohne den Glauben an die definierten Grundlagen kann niemand Mitglied einer Religion sein. Das gilt selbst dann, wenn äußerlich gesehen, auch ein Nicht-Gläubiger der religiösen Organisation angehören kann. Dessen Mitgliedschaft besteht dann aber lediglich formal, dem äußeren Anschein nach. Tatsache ist: Ohne Glauben gibt es keine wirkliche Zugehörigkeit!

Nicht umsonst nennt man die Religionen auch Glaubensgemeinschaften. Denn genau darum handelt es sich: Um Gemeinschaften vom Menschen, die an das Gleiche glauben! Und der exakte Inhalt dieses Glaubens unterliegt nur ganz am Rande menschlichen oder rationalen Anforderungen. Beim Inhalt des religiösen Glaubens handelt es sich stattdessen in erster Linie um göttliche Offenbarungen und damit um Sachverhalte, die der jenseitigen Welt, der Sphäre Gottes, entstammen. Und vielfach handelt es sich sogar um Informationen, die uns ganz direkt von Gott persönlich gegeben worden sind.

In diesem Zusammenhang ist es wichtig, den Vorgang des Glaubens richtig zu verstehen. In unserer modernen Welt wird der Glaube oft ein wenig abfällig betrachtet. Mit dem Begriff des Glaubens, wird sehr leicht so etwas wie Naivität, Einbildung und Phantasie verbunden. Glauben wird als das Gegenteil von Wissen bezeichnet. Dabei ist Glauben ein ganz natürlicher Vorgang und es wird oft übersehen, dass alle Menschen stets und ständig, darauf angewiesen sind etwas zu glauben. Denn Glauben bedeutet erst einmal nicht mehr, als etwas für wahr halten. Jeder, der etwas für wahr hält, was ein anderer sagt, glaubt an etwas. Nämlich daran, dass das, was der andere gesagt hat, wahr ist. Glaube ist also ein vollkommen natürlicher und absolut üblicher Vorgang, der von uns allen täglich in einem fort praktiziert wird.

Und der religiöse Glaube unterscheidet sich hier erst einmal überhaupt nicht von anderen Glaubensakten. Glaube im Rahmen der Religion heißt nicht mehr und nicht weniger, als dass man an das, was die Quellen, die Überlieferungen und die Traditionen der Religion aussagen, glaubt, dass man es also für wahr hält. Man glaubt damit an das, was die Menschen, die vor einem selbst, diesen religiösen Weg gegangen sind, gesagt und aufgezeichnet haben. Man hält das Gesagte, das Aufgezeichnete und das Praktizierte für wahr und für richtig. Und die Gläubigen vertrauen darauf, dass sie von den religiösen Autoritäten und Amtsinhabern, über die Zeit und bis heute, richtig und korrekt unterrichtet werden. Sie glauben also, dass die religiösen Offenbarungen und Grundaussagen wahrhaftig und vollständig aufgezeichnet und weitergegeben worden sind. Sie glauben, dass die daraus gewachsene religiöse Lehre wahr ist und zumindest in ihren wesentlichen und zentralen Punkten, genau der Information entspricht, die Gott selbst, oder die von ihm inspirierten Propheten, uns gegeben haben.

Und stets hängen die Qualität und die Stärke unseres Glaubens direkt von dem Vertrauen ab, das wir in diejenigen haben, deren Aussagen wir glauben sollen oder müssen. Wenn wir einer sehr vertrauenswürdigen Person gegenüber stehen, wird es uns relativ leicht fallen, zu glauben was diese sagt. Das sieht ganz anders aus, wenn wir einem zwielichtigen, unseriösen Menschen begegnen. Im Falle der Religionen ist die letzte Quelle, der wir glauben müssen, Gott selbst! Und in der Folge dann, den direkt oder indirekt von Gott beauftragten Personen. Seriöser und vertrauenswürdiger geht es eigentlich nicht.

Die religiösen Grundlagen der verschiedenen Religionen, also die Glaubensinhalte, stammen also direkt oder indirekt von Gott selbst. Sie sind, bildlich gesprochen, vom Himmel zur Erde, herab gereicht worden. Diese fundamentalen göttlichen Offenbarungen und die daraus abgeleiteten Wahrheiten, sind für den Gläubigen daher unantastbar. Da sie von Gott stammen, sind sie aus sich selbst heraus absolut wahr und absolut einzigartig. Sie bedürfen keiner weiteren, äußeren Referenz, oder einer sonstigen Bestätigung.

Ja, eine äußere Referenz ist geradezu unmöglich, denn weil Gott selbst absolut ist, sind auch seine Offenbarungen absolut und daher stehen sie in keinem Bezug zu etwas anderem. Es kann also, rein logisch betrachtet, keinen wissenschaftlichen oder sonstigen Beweis für den Inhalt oder den Wahrheitsgehalt einer göttlichen Offenbarung geben. Allenfalls das Papier oder ein sonstiges Material, auf dem die Offenbarung niedergeschrieben wurde, kann vorgezeigt und untersucht werden. Möglicherweise können auch Zeugen benannt oder historische Umstände rekonstruiert werden. All das ist möglich, doch die Offenbarung selbst und insbesondere ihr Inhalt und ihre Aussage, entziehen sich vollständig einer derartigen Überprüfung.

Und weil die Offenbarungen nicht aus dieser Welt stammen, sondern uns direkt von Gott gegeben worden sind, unterliegen sie auch nicht den rationalen Regeln und Einschränkungen dieser Welt. Und sie bieten deshalb auch keinerlei Spielraum für irgendwelche späteren, abweichenden Interpretationen, zeitgemäßen Veränderungen oder für sonstige Manipulationen. Bei den Offenbarungen Gottes, die den Religionen als Fundament zugrunde liegen und die von den Gläubigen geglaubt werden müssen, handelt es sich vielmehr um unwandelbare Glaubenssätze, die unter allen Umständen und zu allen Zeiten, uneingeschränkt Bestand haben. Das heißt also: Die Offenbarungen und ihre Inhalte sind absolut und ewig – genauso wie Gott selbst, der absolut und ewig, unwandelbar der Gleiche ist!

Gott befindet sich jenseits der Zeit und damit jenseits dessen, was wir als Evolution oder Entwicklung wahrnehmen. Damit ist Gott aus unserer Sicht, zu jedem Zeitpunkt absolut unveränderbar und vollkommen. Und ebenso verhält es sich mit seinen Offenbarungen. Auch diese können keinen Veränderungen oder Entwicklungen unterliegen. Denn da sie direkt von Gott stammen sind auch sie stets absolut unveränderbar und vollkommen. So etwas wie eine Entwicklung oder eine zeitbedingte Anpassung bzw. Veränderung, kann es für die Inhalte einer Religion, also für die grundlegenden, zentralen Glaubenssätze und die unmittelbar daraus fließenden Traditionen, nicht geben.

Bei all dem spielt es für die Mitglieder einer Religion, also für die Gläubigen, erst einmal überhaupt keine Rolle, wenn andere Religionen, bzw. andere Glaubensgemeinschaften, sich auf andere Offenbarungen beziehen und wenn sie daher punktuell oder auch grundsätzlich, etwas anderes glauben. Die unterschiedlichen Offenbarungen können nämlich nebeneinander stehen, ohne sich direkt zu behindern oder zu beeinflussen. Denn die Gläubigen der einen Gemeinschaft müssen sich nicht dafür interessieren, was die Gläubigen der anderen Gemeinschaft glauben. Und in der Regel tun sie das auch nicht oder nur in sehr geringem Maße. Das gegenseitige Wissen über die konkreten Inhalte und Aussagen der jeweils anderen Religion ist im Allgemeinen äußerst gering, zumeist fragmentarisch und oberflächlich und nicht selten sogar vollkommen falsch!

Wenn wir also zwei unterschiedliche Religionen betrachten, so vertreten in der Regel beide Glaubensgemeinschaften jeweils für sich selbst die Auffassung, dass sie die einzig wahre Offenbarung besitzen und die einzig wahre und vollständige Lehre verkünden. Und wenn wir noch eine dritte oder vierte Religion hinzufügen, dann gilt das auch für sie. Auch diese Gemeinschaften glauben dann fest an die ihnen zugrundeliegenden, göttlichen Offenbarungen und halten diese für absolut wahr, vollständig und einzigartig. Und tatsächlich befinden sich alle Religionen mit diesem Anspruch subjektiv im Recht! Denn hier geht es ja in keiner Weise um eine neutrale, von außen kommende, rationale Betrachtung der göttlichen Offenbarungen und der daraus entstandenen Religionen. Und es gibt hier auch keinen Wettkampf der Wahrheiten und kein neutrales Schiedsgericht.

Aus einer mehr oder weniger neutralen, außenstehenden Perspektive, haben wir das Problem zuvor, im Kapitel III, betrachtet. Dort wurde unter der Überschrift „Theosophie" aufgezeigt, dass sich der personale Gott und die von ihm gesandten oder inspirierten Propheten, immer wieder im Laufe der Menschheitsgeschichte offenbart haben, zu allen Zeitaltern, in allen Ländern und in allen Kulturen. So zumindest stellt es sich für den neutralen Beobachter dar.

Die einzelne Religion jedoch betrachtet das Geschehen nicht aus dieser neutralen, außenstehenden Perspektive. Jede Religion bezieht sich stattdessen auf ihr eigenes, konkretes, exakt definiertes, göttliches Offenbarungsereignis. Sie gründet sich auf eine oder mehrere, exakt bestimmbare Personen bzw. Propheten. Oder es stehen eine oder mehrere, konkrete, göttliche Erscheinungen an ihrem Beginn, vielleicht sogar eine konkrete Inkarnation Gottes auf Erden. Und damit ist jede Religion einzigartig. Sie ist ganz und gar parteiisch und auf sich selbst bezogen! Und das muss sie auch sein, denn nur wenn sie für sich in Anspruch nimmt die vollständige und endgültige Wahrheit zu besitzen und nur solange sie selbst an diese Wahrheit glaubt und unverändert daran festhält, kann sie als Religionsgemeinschaft dauerhaft fortbestehen.

Eine Religion, die ihren eigenen Wahrheitsanspruch aufgibt oder ihn auch nur infrage stellt, löst sich auf! Eine Glaubensgemeinschaft ohne eindeutig und zweifelsfrei definierte Glaubensinhalte, kann keinen Bestand haben. Jede religiöse Gemeinschaft, die ihre eigenen Wurzeln kappt und damit ihre eigenen Fundamente verleugnet oder sie auch nur relativiert, geht in die Irre und ist unweigerlich zum Scheitern verurteilt. Und warum ist das so? Weil sich die Religion auf Gott bezieht und Gott ein absolutes, allumfassendes Wesen ist. Und daher sind auch die Offenbarungen Gottes absolut und allumfassend. Es gibt nichts Relatives und nichts Wandelbares in Bezug auf Gott! Gott ist absolut, seine Offenbarungen sind absolut und die daraus fließende Lehre, die Religion, ist absolut - oder sie hört auf zu existieren!

Denn entweder besitzt die Religion die von Gott geoffenbarte und damit die absolute Wahrheit oder sie besitzt sie nicht. Wenn sie sie besitzt, kann sie uns sicher und verbindlich den Weg zu Gott zeigen, wenn sie sie nicht besitzt, kann sie das nicht tun. Ein bisschen Wahrheit reicht nicht! Halbherzige oder austauschbare, also relative Wahrheit, reicht ebenfalls nicht! Den Weg zu Gott nur anzudeuten oder ihn nur vage und unverbindlich zu benennen, reicht auch nicht! Die Religion muss sich absolut sicher sein und dieses auch entsprechend vermitteln. Sie muss ihren Mitgliedern sagen: Wir besitzen die von Gott geoffenbarte Wahrheit und wir kennen den Weg zu ihm. Wenn du aufrichtig glaubst, was wir dir sagen und wenn du ernsthaft tust was wir dir empfehlen, dann handelst du richtig und gottgefällig und mit der von Gott versprochenen Gnade, wirst du schließlich zu ihm gelangen. Auf genau diesem Versprechen gründet eine jede wirkliche Religion.

Eine intakte Religion gibt uns also eine echte Heilszusage! Sie definiert den Weg und die Bedingungen um gottgefällig zu leben und um schließlich, spätestens nach unserem Tod, zu Gott zu gelangen. Und nur wenn ihre Aussagen klar und eindeutig sind und nur wenn sie ganz exakt zwischen Richtig und Falsch, Gut und Böse, Wahrheit und Lüge unterscheidet, sind die Gläubigen in der Lage, dem von der Religion vorgegebenen Weg zu folgen. Jede wahre Religion muss also eine Art

Absolutheitsanspruch haben. Ja sie muss tatsächlich auf dieser Absolutheit bestehen. Denn ihre eigene Quelle, Gott, ist absolut und damit sind es auch seine Offenbarungen und die aus ihnen fließende religiöse Lehre.

Eine Religion, die ihren Mitgliedern sagt, dass es sich bei den von ihr verkündeten Lehren um menschengemachte Ideen und damit um subjektive und relative Aussagen handelt, ist in Wahrheit keine Religion. Es handelt sich, gutwillig betrachtet, bestenfalls um irgendein philosophisches System, wie es sie zu dutzenden gibt und wie sie seit jeher in Konkurrenz zueinander stehen. Eine solche Pseudo-Religion ist austauschbar und beliebig. Sie besitzt keine Verbindlichkeit und selbstverständlich gibt sie uns kein ernstzunehmendes Heilsversprechen. Ja tatsächlich hat sie mit Gott im eigentlichen Sinne überhaupt nichts zu tun, denn sie bezieht sich nicht wirklich auf den absoluten, allumfassenden Gott und auf seine Offenbarungen.

Die wirklichen Religionen jedoch haben keinen menschengemachten Ursprung, stattdessen beziehen sie sich auf den einen, einzigen, absoluten Gott und auf seine Offenbarungen und sie geben uns ein echtes Heilsversprechen – soweit dies vor dem Hintergrund der stets zusätzlich erforderlichen Gnade Gottes, überhaupt möglich ist.

In unserer unvollkommenen und verworrenen Welt, stehen jedoch auch die Religionen, die uns den Weg zu Gott weisen wollen, nicht friedlich und kooperativ zusammen. Stattdessen befinden sie sich in offener Konkurrenz zueinander. In der Vergangenheit und in der Gegenwart gab und gibt es viele Auseinandersetzungen, ja sogar konkrete Kämpfe zwischen ihnen. Wie ist das möglich? Und was hat das mit Gott zu tun?

Eins ist sicher: Mit Gott haben die religiösen Konflikte überhaupt nichts zu tun! Selbst dann nicht, wenn einzelne Religionen einen Missionierungsauftrag von Gott erhalten haben. Denn selbstverständlich, hat der allumfassende Gott, als Ursprung und Quelle des gesamten Seins und als Schöpfer aller Menschen, das Wohl all seiner Geschöpfe im Sinn. Es kann - im Namen Gottes - also niemals darum gehen, anderen Menschen etwas zuleide zu tun oder sie im religiösen Bereich, also in Bezug auf Gott, zu etwas zu zwingen, das ihrem freien Willen widerspricht. Das wäre per se auch unmöglich, denn wie wir gesehen haben, handelt es sich bei den Religionen um Glaubensgemeinschaften und Glaube kann nicht erzwungen werden. Genau wie die Liebe, existiert auch der Glaube nur auf der Grundlage des freien Willens. Man glaubt aus eigenem Entschluss oder man tut es eben nicht! Und man glaubt aus Überzeugung, bzw. weil man überzeugt worden ist. Und letztlich glaubt man, weil man diejenigen, die eine religiöse Lehre konkret vertreten und verkünden, für vertrauenswürdige Personen hält. Man glaubt, weil man das, was sie sagen und wofür sie stehen, für wahr hält. So, und nur so, also ohne jede Art von Zwang und auf vollkommen freiwilliger Basis, funktioniert eine von Gott gewollte Mission.

Es handelt sich bei allen religiösen Auseinandersetzungen daher um menschengemachte Kämpfe. Es geht um weltliche oder um ideologische Konflikte, bei denen die agierenden Menschen die Religion für ihre Zwecke missbrauchen. Wissentlich und willentlich oder aus Dummheit und Ignoranz, werden religiöse Inhalte benutzt, um persönliche Vorteile - zumeist geht es dabei um Macht und Vermögen - für sich zu gewinnen oder zu bewahren. Oder die Religionen werden wissentlich und willentlich, also vorsätzlich, ideologisch instrumentalisiert, um weltliche Herrschaft auszuüben. Die Unvollkommenheit der Menschen führt zu den religiösen Kämpfen.

Doch neben der grundsätzlichen menschlichen Schwäche und Unvollkommenheit, die dem Missbrauch der Religionen zugrunde liegt, gibt es einen weiteren wichtigen Grund für die religiösen Auseinandersetzungen in unserer Welt. Gottes Gegenspieler, also die von ihm abgewandten, dunklen Wesen der geistigen Welt, spielen dabei eine wesentliche Rolle. Der Fürst der Finsternis und seine Dämonen bedienen sich der Religionen, um die Menschen zu verwirren und gegeneinander aufzubringen. Die dunklen Kräfte wirken dabei auf mehrfache Weise. Sie zerstören die Religionen von innen und außen, sähen Zweifel an deren Quellen, zersetzen ihre Lehren, verbiegen und verwirren die Tradition oder bewirken sogar deren Abbruch. Sie dringen bis in die höchsten Hierarchien innerhalb der Religionen vor und zerstören so deren Organisation von innen heraus. Und zugleich sorgen sie dafür, dass sich die Religion auch von außen, von der Gesellschaft her, unter ständigem ideologischen Beschuss befindet. Die dauerhafte Forderung nach Veränderung und Anpassung der Religion an die jeweils aktuellen gesellschaftlichen Verhältnisse ist Ausdruck dieses Kampfes gegen die wahre, unveränderliche, religiöse Lehre. Die bewusste, dämonische inspirierte Zersetzung, geschieht also sowohl auf struktureller, äußerer Ebene, als auch inhaltlich, also hinsichtlich der religiösen Lehren und Gebote.

Wir können davon ausgehen, dass alle heute existierenden Religionen dieses schreckliche Schicksal erlitten haben. Sie sind von den Gegenspielern Gottes gekapert und von willfährigen Helfern unterwandert worden. Die daraus resultierenden Einschnitte und Brüche in der religiösen Lehre und Praxis sind historisch eindeutig zu identifizieren. Jeder, der sich ausführlich und intensiv genug mit dem Werdegang und der Entwicklung der Religionen beschäftigt, kann erkennen, wo und wann die jeweilige Religion einen oder mehrere radikale Brüche oder Kurswechsel vollzogen hat. Dies geschah immer dort, wo bisher verkündete Wahrheiten und heilige Traditionen über Bord geworfen und neue Wege mit neuen Ansätzen beschritten worden sind. Vor dem Hintergrund der Absolutheit Gottes und damit der Absolutheit seiner Offenbarungen, darf es solche grundlegenden Veränderungen nämlich gar nicht geben! Gottes Aussagen und die von ihm geoffenbarten Wahrheiten sind unwandelbar! Sie sind stets gleich und stets vollkommen! Und insbesondere unterliegen sie keiner wie auch immer gearteten Entwicklung!

Und natürlich ist es ebenso falsch, anzunehmen, dass Gottes Offenbarungen selbst zwar absolut und unveränderbar sind, dass aber unser Verständnis davon, einer stets fortschreitenden Entwicklung und Veränderung unterworfen ist. Denn auch dieser Ansatz bewirkt, auf indirekte Weise, eine vollständige Relativierung aller göttlichen Offenbarungen und der gesamten aus ihnen geflossenen religiösen Lehre und Tradition. Und daher zerstört auch dieser falsche Ansatz jede Religion von ihrer Wurzel her. Und allein dies ist bereits Indiz genug, um den Ursprung eines solchen Ansatzes eindeutig im satanisch-dämonischen Bereich zu suchen.

Denn selbstverständlich kann der allumfassende, allmächtige Gott sich uns Menschen jederzeit so offenbaren, dass wir ihn korrekt verstehen. Und zwar von Anfang an korrekt verstehen. Denn wenn Gott das nicht bewirken könnte, wäre er nicht allmächtig! Wir müssen uns also nicht erst ein paar hundert oder ein paar tausend Jahre kulturell entwickeln, um zu verstehen, was Gott irgendwann in der Vergangenheit gesagt und gemeint hat. Im Gegenteil, wir haben berechtigten Grund zu der Annahme, dass Gott dafür gesorgt hat, dass er von Anfang an von den Menschen richtig verstanden worden ist. Denn Gott setzt keine Lügen, keine Irrtümer und keine Halbwahrheiten in die Welt. Wir können also davon ausgehen, dass gerade die ursprünglichen religiösen Lehren und Traditionen, die göttlichen Offenbarungen korrekt interpretieren und wiedergeben. Wir kommen der von Gott geoffenbarten Wahrheit immer dann am nächsten, wenn wir in der Zeit und in der Tradition zurückgehen und uns ansehen, was in der Vergangenheit und insbesondere was zu Beginn der jeweiligen Religion gelehrt und praktiziert worden ist.

Ganz und gar entgegen der heute üblichen Auffassung liegt die Wahrheit also in der Vergangenheit! Und die Menschheit befindet sich tatsächlich auf einem Weg des Fortschritts! Allerdings ganz anders, als das heutzutage allgemein verstanden wird. Denn in der Realität schreiten wir Menschen von der Wahrheit fort. Wir entfernen uns von Gott und wir verlieren unser Verständnis von ihm. Wir wissen nicht mehr, was und wie Gott ist. Und wir haben vergessen, dass es sich bei Gott um eine konkrete Person mit Willen und Bewusstsein handelt. Gott ist das absolute, allumfassende Wesen, das nicht nur der Schöpfer unserer Welt, sondern auch unserer persönlicher Schöpfer ist. Gott hat uns erschaffen, uns Alle, und damit ist er ganz konkret unser aller Schöpfer und Herr.

Dieser Tatsache sind wir uns heute jedoch sehr oft nicht mehr bewusst und so wird Gott für uns zu einem abstrakten Gedanken, zu einem diffusen Etwas, zu einer unspezifischen Quelle des Seins, zu einer Energie, einer Stimmung, einer persönlichen und privaten Projektion? Aber dieser Fortschritt ins Abstrakte, Diffuse, Unbestimmte und Unkonkrete führt uns in die Irre, in die Dunkelheit, in das Nichts! Und die treiben Kräfte dabei sind unsere menschlichen Unzulänglichkeiten, insbesondere unsere Gier nach Freiheit, nach Macht und Vermögen. Und unterstützt und befeuert werden wir auf unserem verhängnisvollen Weg von Satan und seinen Dämonen, die alles daran setzen, uns von Gott zu entfernen und uns in ihr Reich der Dunkelheit zu ziehen.

Leider spielen die Religionen bei diesem abscheulichen Geschehen eine tragische Rolle. Da inzwischen mehr oder weniger alle Religionen gekapert und zum großen Teil sinnentleert worden sind, spielen sie den dämonischen Kräften aktiv in die Hände. Bewusst oder unbewusst führen sie ihre Mitglieder der Dunkelheit zu, anstatt sie auf das Licht Gottes auszurichten.

Welchen Ausweg gibt es aus dieser verfahrenen Situation?

Wie wir bereits gesehen haben, liegt die Wahrheit in der Vergangenheit. Wir müssen also im Geiste zurückgehen und sehen, welche Inhalte und Aussagen bei den Religionen am Anfang standen.

Wenn wir den Schutt beiseite räumen, der in den Jahrhunderten und Jahrtausenden über den religiösen Fundamenten aufgetürmt worden ist, können wir die ursprünglichen Grundaussagen der Religionen erkennen. Und bei den s.g. Hochreligionen, also bei den Glaubenssystemen, bei denen es sich nicht nur um lokale Naturkulte oder um unbedeutende okkulte Gruppierungen handelt, finden wir am Beginn folgende zentrale Aussagen:

1.   Es gibt einen ewigen und absoluten, personalen Gott.

2. Dieser eine und einzige Gott, ist der bewusste und absichtsvolle Schöpfer des gesamten Universums und unserer Welt. Alles was existiert, sowohl die geistigen als auch die materiellen Welten, sind die Schöpfung und daher das Eigentum dieses einen Gottes.

3. Auch wir Menschen sind von diesem Gott geschaffen. Daher sind auch wir seine Geschöpfe und sein Eigentum und folglich sind wir diesem einen Gott, unserem Herrn und Schöpfer gegenüber, zur Ehrfurcht, zur Anbetung und zum Gehorsam verpflichtet.

4. In ferner Vergangenheit gab es einen Bruch zwischen den Menschen und Gott. Die Ursache dafür liegt in unserem Freien Willen, der es uns ermöglicht, uns auch gegen Gott zu wenden. Seitdem das Verhältnis zu Gott von menschlicher Seite aus gestört worden ist, befindet sich die Menschheit im Zustand der Sünde und der Illusion. Wir haben uns von Gott abgewandt und leben unser Leben getrennt von ihm. Aus unserer Auflehnung gegen Gott und unserer freiwilligen Trennung von ihm, resultiert all unser geistiges, seelisches und materielles Leid.

5. Gott jedoch liebt uns und er wünscht sich unser Glück und unsere Rückkehr zu ihm. Daher hat er uns mit seinen Offenbarungen konkrete Erklärungen, Regeln und sonstige Hilfestellungen gegeben, die uns dabei helfen sollen, unser Leben zu gestalten, Verbindung mit ihm aufzunehmen und zu ihm zurückzugelangen. Gott wünscht sich, dass wir auf seine Anweisungen hören und seine Vorgaben befolgen.

6.   Nach der vedischen und ebenso nach der christlichen Lehre ist Gott selbst als göttliche Inkarnation, bzw. als Mensch in diese Welt gekommen, um uns im Kampf gegen das Böse zu helfen, zu schützen, zu belehren und um uns ein Beispiel zu geben. Auch hier erwartet Gott, dass wir uns seinen Lehren und seinem Beispiel entsprechend verhalten.

7.   Wir sind von Gott als unsterbliche geistige Wesen erschaffen, um ihn zu lieben und ihm zu dienen und wir sind ihm für unser Tun und Lassen Rechenschaft schuldig. Daher müssen wir nach unserem irdischen Tod für alle unsere Handlungen die Verantwortung übernehmen und die daraus resultieren Folgen tragen. Nur wenn wir ein gottgefälliges Leben geführt haben, also ein Leben im Einklang mit Gottes Geboten, können wir in den geistigen Welten zu ihm gelangen.

Trotz erheblicher kultureller und philosophischer Unterschiede im Ausdruck und im Detail, ähneln sich die ursprünglichen, zentralen Aussagen der Religionen in ihrer Essenz bis hierhin weitgehend.

Beim Christentum gehen die grundlegenden Inhalte jedoch noch weiter:

8. Der als Jesus Christus inkarnierte Sohn Gottes, hat sich aus freiem Willen selbst geopfert, um damit die ursprüngliche Sünde der Menschen, die ihre Trennung von Gott verursacht hat, stellvertretend für sie, zu sühnen und auszugleichen. Erst durch diesen außerordentlichen Liebes- und Gnadenakt von Jesus Christus ist uns Menschen eine Rückkehr zu Gott überhaupt möglich.

9. Gottes Sohn persönlich, hat vor seinem freiwilligen Opfertod seine Kirche gegründet und ihr später, nachdem er die irdische Welt verlassen hat, den Heiligen Geist zur stetigen Inspiration und Führung gesandt.

Die Kirche ist somit die von Jesus Christus selbst geschaffene, heilige Institution, mit deren Hilfe Gott die Menschen vom Leid befreien und zu ihm zurückführen möchte.

Wenn wir uns die vorstehenden religiösen Grundaussagen aufmerksam ansehen, dann wird dies bei den meisten Menschen zwei Reaktionen hervorrufen:

Zuerst einmal ein gewisses Erstaunen und vielleicht sogar ein gehöriges Erschrecken!

Denn die Aussagen sind sehr ungewohnt, möglicherweise sogar provokativ und sie widersprechen so gut wie allem, was uns heutzutage über uns selbst, über unsere Gesellschaft und über die Welt, in der wir leben, erzählt wird.

Und daraus folgt sogleich die zweite Reaktion, nämlich Skepsis und Ablehnung!

Wir werden in dieser Ablehnung auch bestärkt, denn die vorstehenden Positionen werden heutzutage von keiner einzigen Religion öffentlich in dieser Form vertreten.

Und genau da liegt das Problem!

Mehr oder weniger alle Religionen haben sich von ihren Ursprüngen inzwischen weit entfernt. Sehr oft vertreten sie Ansichten und propagieren Lehren, die den zentralen religiösen Wahrheiten widersprechen oder ihnen sogar diametral entgegenstehen. Die zersetzenden und zerstörenden Kräfte Satans und seiner Dämonen haben ganze Arbeit geleistet.

Denn selbstverständlich müssten alle Religion diese ursprünglichen zentralen Inhalte auch heute noch vollkommen unverändert vertreten. Es darf zu keinem Zeitpunkt und unter keinen Umständen, Abweichungen von den ursprünglichen religiösen Aussagen geben. Denn die Offenbarungen Gottes verändern sich nicht! Die Wahrheit ist immer gleich! Gott ist immer derselbe, er unterliegt keiner Veränderung oder Entwicklung. Gott ist absolut. Gott befindet sich jenseits von Zeit und Raum. Ja, Gott umschließt Zeit und Raum. Er war immer und er wird immer sein und er wird immer gleich sein! Daher sind Gott und seine Offenbarungen zu jedem Zeitpunkt absolut vollkommen und perfekt!

Wenn also irgendwelche Veränderungen auftreten, wenn religiöse Inhalte heute anders als in der Vergangenheit interpretiert und verstanden werden, wenn religiöse Traditionen abgebrochen werden oder wenn sich gar die Religionen spalten, dann liegt mit großer Sicherheit ein Irrtum vor, dessen Ursache bei uns liegt. Bei unserem sogenannten Fortschritt. Wir schreiten wortwörtlich von der Wahrheit fort. Wir bewegen uns weg von dem, was Gott uns offenbart hat!

Inspiriert von den Gegenspielern Gottes, zerstören wir seine ursprünglichen Botschaften und die seiner Propheten. Wir verwandeln die Religionen, die eigentlich nur der Anbetung Gottes und der Verbreitung seiner Botschaft dienen, in humanistische Weltverbesserungsvereine. Wir stellen die Welt, die Natur, den Menschen und die Gesellschaft ins Zentrum der Verehrung und der Anbetung. All das ist Blasphemie! All das lenkt uns ab von Gott und beeinträchtigt unser Verhältnis zu ihm. Statt uns ganz auf Gott auszurichten, werden die Religionen benutzt, um die Welt, die Natur oder die menschliche Gemeinschaft in den Mittelpunkt unseres Interesses zu rücken. Aber all das sind höchstens sekundäre Ziele. Denn darum geht es im religiösen Sinne erst einmal überhaupt nicht!

Bei der Religion geht es nur um Gott und um unser Verhältnis zu ihm. Andere Inhalte sind zweitrangig. Sie spielen keine entscheidende Rolle. Ja eigentlich geht es bei unserem ganzen irdischen Leben nur um diese beiden Fragen: Wer und wie ist Gott? Und wie ist unsere Beziehung zu ihm?

Was also können wir tun?

Tatsächlich gibt noch ein wenig Hoffnung! Denn kleine, bescheidene Reste der wahren, ursprünglichen religiösen Lehre, der Praxis und der Tradition sind auch heute noch vorhanden. Wer ernsthaft sucht und sich bemüht zu den echten religiösen Quellen vorzustoßen, der wird sowohl im Christentum als auch in der Vedischen Religion, dem s.g. Hinduismus, Strömungen und Traditionen finden, die den ursprünglichen Quellen mehr oder weniger unverändert entsprechen.

Die Wahrheit kann also von jedem ernsthaften Sucher auch heute noch gefunden werden. Und der Weg dorthin ist gar nicht einmal so kompliziert. Wir müssen nur konsequent all das aussortieren, was die ursprüngliche göttliche Botschaft verändert oder was sie gespalten hat. Lassen Sie uns das an zwei Beispielen exemplarisch einmal betrachten.

Beginnen wir mit einem kurzen Blick auf den s.g. Hinduismus. Auffälligstes Merkmal an der vedischen Religion ist für uns heute die enorme Vielzahl an Göttern. Dass es sich beim Hinduismus um einen Vielgötterglauben handelt, beruht allerdings auf einem Missverständnis der außenstehenden Betrachter. Im Hinduismus selbst werden all die machtvollen, transzendenten Wesenheiten, die wir in der abendländischen Welt auf der einen Seite als Engel und auf der anderen Seite als Teufel betrachten, als Devas und Asuras bezeichnet. Und übersetzt werden diese beiden Begriffe im Allgemeinen mit Götter und Dämonen. Um Götter im eigentlichen, abendländischen Verständnis, handelt es sich bei der Vielzahl der hinduistischen Götter und Göttinnen also nicht. Es sind vielmehr machtvolle Geistwesen, die, wie bei uns die Engel, von den Menschen als Helfer und Beschützer angerufen werden, oder vor denen man sich fürchtet, weil es sich um Teufel und Dämonen handelt.

Aber im zeitgenössischen Hinduismus gibt es dennoch mehr als einen Gott. Tatsächlich werden insbesondere drei göttliche Wesenheiten unterschieden: Vishnu, Shiva und Shakti. Und auch hier ist die Trennung von Spreu und Weizen gar nicht so schwer. Denn die mit großem Abstand älteste Tradition, die viele Jahrtausende zurückreicht, kennt nur die Verehrung von Vishnu, als dem einen, einzigen Gott, dem alles Sein entsprungen ist. Während es sich bei den Traditionen die mit Shiva und Shakti verbunden sind, um relativ junge Erscheinungen handelt, die erst spät in Konkurrenz zur Verehrung von Vishnu getreten sind. Hier können wir also recht leicht erkennen, wo die Wahrheit zu finden ist und dass es sich nur bei Vishnu und seinen irdischen Inkarnationen, um die ursprünglich offenbarte vedische Gottheit handelt.

Und wenn wir uns schon einmal mit dem Hinduismus befassen, dann liegt es nahe, quasi im Vorübergehen, auch einen kurzen Blick auf den Buddhismus zu werfen. Denn der Buddhismus hat seine Wurzeln ja im Hinduismus, er ist ihm als eine Art „Häresie" entsprungen. Und so können wir recht leicht einordnen, was es damit auf sich hat.

Der Buddhismus lehnt all seine vedischen Wurzeln komplett ab. Er kennt weder einen Gott, noch billigt er uns Menschen eine ewige unsterbliche Seele zu. Sein Ursprung und sein Ziel sind quasi „humanistisch", nämlich die Vermeidung von menschlichem Leid! Das ist eine letztlich zum Scheitern verurteilte, fixe Idee und hat mit Gott im engeren oder weiteren Sinne überhaupt nichts zu tun.

Die zentralen Lehren des Buddhismus, die „Edlen vier Wahrheiten", haben folgenden Inhalt: 1. Unsere Existenz ist Qual. 2. Die Ursache unserer Existenz ist unser sinnloses Wollen, das weder einen Grund noch ein Ziel hat. 3. Die Befreiung von unserer qualvollen Existenz ist möglich, wenn jedes Wollen in uns zerstört wird. 4. Der Weg dieser Befreiung besteht in der Akzeptanz der Belehrungen und in der Befolgung der Regeln und Gesetze, die uns der Buddha erteilt hat.

Ziel des buddhistischen Strebens ist das Erreichen des s.g. Nirwana. Und dieses Nirwana wird je nach buddhistischer Richtung, etwas unterschiedlich interpretiert. Im Hinayana-Buddhismus wird es als die vollständige Auslöschung des Daseins verstanden, während der Mahayana-Buddhismus davon ausgeht, dass es sich beim Nirwana um das Eintauchen und Verschmelzen der Einzelseele mit der Unendlichkeit der großen All-Seele handelt.

Wie immer man es betrachtet, der Buddhismus führt nicht zu Gott, sondern es ist stets ein ins „Nichts" führender, toter Zweig des Hinduismus. Eine mehr oder weniger nihilistische Selbsthilfe-

Therapie-Bewegung, die in der Auslöschung des Einzelnen endet.

Ebenso verhält es sich mit dem modernen Advaita Vedanta. Das ist die besonders im Westen sehr beliebte, intellektualisierte Form des Hinduismus, die jede konkrete Gottheit ablehnt und stattdessen eine abstrakte, unpersönliche Form von Gott ins Zentrum stellt. Gott als nicht personale Energie, als Licht, als Schwingung, als energetisches Feld. Gott als unbewusstes Potential des Seins oder als etwas ähnlich Abstruses. Gott als ein diffuser, alles in sich vereinender, energetischer Urgrund. Gott der sich in der Schöpfung und in jedem Einzelnen offenbart und auf diese Weise, im Rahmen der Evolution, schließlich so etwas wie Bewusstheit und schließlich ein allumfassendes Bewusstsein entwickelt, an dem jeder Einzelne einen Anteil hat.

Dieses abstrakte, kollektivistische Gottesbild, in welchem Gott als virtuelle Collage betrachtet wird, zusammengesetzt aus den Mosaiksteinen des gesamten Seins, ist selbstverständlich recht jungen Datums. Es handelt sich in der zeitlichen Einordnung beim Advaita Vedanta um die späte hinduistische Antwort und Reaktion auf den Buddhismus.

Der Begründer des Advaita Vedanta, Adi Shankara, wollte dem Buddhismus etwas Adäquates entgegensetzten, mit dem Ziel, dessen große Ausbreitung einzudämmen und verlorenes Territorium für den Hinduismus zurückzugewinnen. Das ist ihm historisch gesehen auch gelungen, jedoch fügte er der vedischen Religion letztlich nur eine weitere schlimme Irrlehre hinzu.

Bei genauer Betrachtung des Hinduismus ist es also recht leicht, den s.g. Vishnuismus, der auch als Vaishnava Tradition bezeichnet wird, als die älteste und die ursprüngliche Form der vedischen Religion zu erkennen. Und diese Tradition ist innerhalb des Hinduismus auch heute noch lebendig und auffindbar. Die Vaishnava Tradition entspricht in ihren religiösen Lehren auch heute noch weitgehend dem, was wir zuvor als die ursprünglichen, zentralen Offenbarungen Gottes identifiziert haben. Dies gilt zwar nicht für alle, aber für einige der unterschiedlichen Traditionslinien innerhalb des Vishnuismus. Eine dieser Linien, die Gaudiya Vaishnava Tradition, stellt Krishna, eine Inkarnation Vishnus, ins Zentrum der Verehrung. Diese Tradition ist seit den 1960er Jahren auch in der westlichen Welt als s.g. Hare Krishna Bewegung (ISKCON) bekannt. Wer sich in der hinduistischen bzw. vedischen Kultur zu Hause fühlt und nach den unverfälschten, ursprünglichen Offenbarungen Gottes im Hinduismus sucht, der wird hier fündig werden.

Wenn wir uns nun etwas ausführlicher das Christentum ansehen, so lassen sich auch hier sehr leicht die Brüche in der Lehre und in der Tradition erkennen. Betrachtet werden sollen dabei nur die nachhaltig wirksamen Einschnitte und Veränderungen. Unbeachtet bleiben all die vielen, temporär vorhandenen, geringen oder teilweise auch schwerwiegenden Häresien, die von der Kirche als

Irrlehren erkannt, bekämpft und schließlich beseitigt werden konnten.

Im Unterschied zum Hinduismus und zu anderen Religionen, gibt es beim Christentum jedoch eine Besonderheit, über die wir vorab Klarheit gewinnen müssen. Es handelt sich dabei um die Rolle und die Bedeutung der christlichen Kirche. Denn beim Christentum kommt es nicht nur auf die von Gott geoffenbarte, inhaltliche Lehre an. Vielmehr spielt auch die von Gott gegründete Kirche, also die konkrete, äußere Organisation, eine wichtige Rolle. Und der Grund dafür ist, dass Jesus Christus vor seinem freiwilligen Opfertod, seine heilige Kirche selbst gegründet und einen seiner Schüler (Simon Petrus), als deren ersten Repräsentanten persönlich eingesetzt hat. Zweck dieser Kirche ist es zum einen, die göttlichen Offenbarungen zu bewahren, in deren Tradition Jesus Christus steht und auf die er sich ausdrücklich bezieht. Und zum anderen liegt der Zweck der Kirche natürlich darin, seine eigenen Lehren und Taten, sowie die von ihm eingesetzten Sakramente, für alle Menschen dauerhaft verfügbar zu machen. Die von Jesus Christus gegründete Kirche ist also ein konkretes göttliches Instrument, um die Menschen zu retten und zu Gott zurückzuführen.

Beim Christentum gibt es daher keine wirkliche Trennung zwischen dem Glauben, also dem religiösen Inhalt auf der einen Seite, und der Kirche, also dem Gefäß, bzw. der Organisation des Glaubens, auf der anderen Seite. Beides gehört untrennbar zusammen, es ergänzt und vervollkommnet sich gegenseitig. Es geht beim Christentum also nicht nur darum, an die überlieferten Offenbarungen zu glauben und entsprechend zu handeln, vielmehr muss der wahrhaft gläubige Christ auch der heiligen Kirche angehören. Nur so hat er Zugang zu den von Jesus Christus eingesetzten Sakramenten. Es gibt kein wahres Christentum außerhalb der von Jesus Christus gegründeten Kirche! Denn nur für die Mitglieder dieser Kirche gilt das Heilsversprechen!

Vor diesem Hintergrund sind die im Laufe der frühen Kirchengeschichte aufgetretenen, größeren oder kleineren Trennungen, Spaltungen oder Absonderungen von Teilen der Kirche sehr problematisch, denn sie widersprechen dem Anspruch auf Einheit und Vollständigkeit der einen, allumfassenden (griechisch: katholischen) Kirche Gottes.

Dennoch geschah die erste schwerwiegende Zerstörung des Christentums nicht durch eine Abspaltung von innen heraus, sondern von außerhalb, von den Randbereichen des Christentums her, und zwar durch den Islam. Obwohl der Islam außerhalb des Christentums entstanden ist, handelt es sich im eigentlichen Sinne nicht um eine neue, eigenständige Religion. Vielmehr besitzt der Islam alle Merkmale einer Häresie, also einer christlichen Irrlehre. Denn der Islam bezieht sich in zentralen Aspekten auf die gleichen göttlichen Quellen und Offenbarungen wie es auch das Christentum tut. Allerdings interpretiert er diese Quellen anders und vor allem vereinfacht er die sich daraus ergebenden religiösen Schlussfolgerungen und Lehren ganz radikal. Dazu beruft sich der Islam auf göttliche Inspirationen, die sein Gründer exklusiv erhalten hat und die den bisherigen Offenbarungen Gottes in wesentlichen Punkten widersprechen. Dies jedoch kann nicht sein! Einen Widerspruch innerhalb der göttlichen Offenbarungen kann es nicht geben! Gott widerspricht sich nicht selbst! Gott sagt nicht heute dies und morgen das! Und Gottes wahre Boten tun dies aus nicht! Gottes Aussagen unterliegen auch keiner zeitlichen oder sonstigen Entwicklung oder Veränderung! Gott sagt immer und ausnahmslos die Wahrheit und nichts als die Wahrheit! Gottes Offenbarungen sind ewig wahr, vollständig und allumfassend. Dies gilt immer und ausnahmslos! So scheidet also Gott als Quelle für die abweichenden Offenbarungen im Islam ganz sicher aus. Dennoch gelang es dem Islam binnen kurzer Zeit mehr als die Hälfte der vormals christlichen Welt gewaltsam zu erobern und zu übernehmen. Und auch heute noch wird das Christentum weltweit von dieser expansiven Häresie bedroht.

Der zweite Angriff auf das Christentum geschah jedoch von innen heraus, er formierte sich innerhalb der Kirche selbst, und zwar als Reaktion auf Missstände und Machtmissbräuche in den kirchlichen Strukturen. Der bis dahin vollkommen unbedeutende Augustinermönch, Martin Luther, forderte öffentlichkeitswirksam gewisse Reformen. Zu seiner eigenen Überraschung setzte er damit einen Prozess in Gang, der sehr schnell eine Eigendynamik entwickelte, politische und ideologische Kräfte anzog und an dessen Ende eine komplette Spaltung der Kirche stand.

Wie immer bei derartigen Vorgängen war die Triebfeder des Geschehens in erster Linie die Gier nach Macht und Vermögen! Hinzu kam jedoch – ähnlich wie beim Islam – eine Umdeutung und Neuinterpretation der dem Christentum zugrunde liegenden göttlichen Offenbarungen. Luther, Calvin und andere ideologisch orientierte Akteure, schufen ein vollkommen neues Gottes- und Menschenbild und daraus abgeleitet eine vollkommen neue religiöse Lehre. Sie brachen radikal und vollständig mit allen kirchlichen Überlieferungen und mit der gesamten apostolischen Tradition. So vollzog sich im Ergebnis nicht nur eine Spaltung des Christentums, also eine Spaltung der einen, allumfassenden Kirche, vielmehr verwandelte sich die abgespaltene Hälfte zugleich in eine vollkommen neue Religion und in eine vollkommen neue Kirche.

Diese neue Kirche, die sich selbst Reformierte Kirche nennt, hat mit der von Jesus Christus gegründeten Kirche nichts gemeinsam. Und sie vertritt auch nicht die Religion, die in der von Jesus Christus gegründeten Kirche stets vertreten und gelehrt wurde. Stattdessen verbreitet die Reformierte Kirche, genau wie der Islam, seit Anbeginn und bis heute eine Häresie, ein stark simplifiziertes und verzerrtes Christentum, das sich noch dazu in unserer Zeit in eine selbstgerechte, globalistisch orientierte Humanismus-Philosophie verwandelt hat. Mit den Offenbarungen des einen, allumfassenden Gottes und den Lehren von Jesus Christus, haben weder die Reformierte Kirche, noch die zu hunderten und tausenden von ihr abgespaltenen, christlichen Sekten, irgendetwas gemeinsam.

Nach dieser zweiten Attacke auf die göttlichen Offenbarungen und Traditionen, die dem Christentum zugrunde liegen, ist die von Jesus Christus gegründete Kirche, inzwischen auf ein Viertel ihrer ehemaligen Größe reduziert. Die erste Hälfte hat sie bereits an den sich aggressiv ausbreitenden Islam verloren und der verbliebene Rest ist nun wiederum, durch die Spaltung der Kirche im Rahmen der von Luther initiierten Reformation, halbiert worden.

Diese stark dezimierte Kirche steht seit der reformatorischen Spaltung im 16. Jahrhundert unter einem stetigen, äußeren Druck, der außerdem zu politisch motivierten Kriegen und Verwüstungen in ganz Europa führte. Und zusätzlich wird die Kirche seit dem 17. Jahrhundert auch von wissenschaftlicher und intellektueller Seite aus angegriffen. Der durch die Reformation von Martin Luther ausgesäte Zweifel an den göttlichen Offenbarungen und ebenso sein großer Widerwille gegenüber den Lehren und Traditionen der Kirche, trugen Früchte: Zuerst in der s.g. Aufklärung und schließlich in der Französischen Revolution, deren Ziel die vollständige Vernichtung der katholischen Kirche und die Zerstörung der von ihr ausgehenden gesellschaftlichen Ordnung ist.

Denn Martin Luther definiert Gott nicht im christlichen Sinne als den ewigen, allmächtigen Vater der Menschen und als Schöpfer der Welt und der weltlichen Ordnung. Vielmehr sieht Luther, genau wie die Spiritualisten, in Gott vor allem eine unpersönliche Kraft, ein "Werdeprinzip", das alles umfasst und das sowohl das Gute, aber auch das Böse beinhaltet.

Erst durch die evolutionäre Selbstentwicklung in der Schöpfung und insbesondere durch das Ausleben seiner bösen Anteile, bekommt dieser Gott, nach Luther, ein Bewusstsein von sich selbst. Und der Mensch ist nach Luthers Verständnis nur ein Spielball Gottes, ein Mittel zum Zweck. Er ist ein zeitlich befristeter, integraler Teil der Schöpfung und damit ein mehr oder weniger seelenloser Aspekt der göttlichen Selbstwerdung.

Nach Luther ist der Mensch ausschließlich triebgesteuert und er besitzt keinen freien Willen. Der Mensch kann nichts zu seiner Erlösung tun – außer an Jesus Christus zu glauben. Aber selbst dieser Glaube hängt von Gottes Vorsehung ab, aus eigenem Antrieb ist der Mensch nicht einmal zum Glauben fähig. Nach Luther ist der Mensch vollständig Gott ausgeliefert und ganz und gar von Gottes Willen und von seiner Gnade abhängig.

Diese sehr eigenwilligen Ideen haben mit den göttlichen Offenbarungen, die in der von Jesus Christus gegründeten Kirche bewahrt werden, überhaupt nichts zu tun! Im Gegenteil: Das Gottes- und Menschenbild Luthers stellt das Gottes- und Menschenbild des Christentums und damit das Gottes- und Menschenbild der von Christus gegründeten Kirche vollkommen auf den Kopf.

Aber dafür erinnern uns Luthers Gedanken umso mehr an die ebenfalls zerstörerischen Lehren des

Advaita Vedanta im Hinduismus. Auch dort wurde die ehemals vorhandene, rein auf Gott (Vishnu) bezogene Religion, durch abstrahierende, relativierende Lehren von der evolutionären Entwicklung eines allumfassenden, anonymen Urgrund des Seins, zerstört und weitgehend ausgelöscht. Und im Weiteren erinnern die Lehren Luthers in bestimmten Aspekten auch an den Islam, denn auch dort ist der Mensch einem übermächtigen, willkürlich agierenden Gott vollkommen hilflos ausgeliefert und ausschließlich von Gottes Gnade abhängig.

Aber das Drama geht tatsächlich noch sehr viel weiter, denn Martin Luther schafft mit seinen widersinnigen Lehren von Gott als dem „Werdeprinzip" des Guten und des Bösen, überhaupt erst die geistigen Grundlagen auf denen sich die westliche Philosophie seither bewegt. Georg Wilhelm Friedrich Hegel, Charles Darwin und Karl Marx, aber ebenso Sigmund Freud, Martin Heidegger und Konrad Lorenz, bauen ihre Theorien direkt oder indirekt auf den Thesen Luthers auf. Luthers Ideen eines veränderlichen, sich entwickelnden Gottes dienen als Grundlage für die Abwendung von der ewig unveränderlichen, göttlich geoffenbarten Wahrheit (Metaphysik/Religion) und für die Hinwendung zur dialektischen Philosophie, in der sich die jeweils aktuelle Wahrheit in einem Werdeprozess (These + Antithese = Synthese) aus sich selbst heraus stets verändert und neu entwickelt.

Und genau diese dialektischen Ansätze bilden überhaupt erst die gedankliche Basis für alle Überlegungen in Bezug auf eine angebliche Evolution des Lebens (Darwin) oder eine angebliche Evolution der Gesellschaft (Marx). Und Luthers Thesen und all die aus ihnen geflossene Philosophien stellen bis zum heutigen Tag die Grundlage für alle modernistischen, Werte zerstörenden und Gesellschaft zersetzenden Kräfte dar.

Genau diese diabolischen Kräfte der Zerstörung und Vernichtung führen in unserer gegenwärtigen Zeit zum dritten und schwerwiegendsten Angriff auf die Integrität und inzwischen sogar auf die bloße Existenz der von Jesus Christus gegründeten Kirche. Diesmal wirken die Kräfte der Zerstörung unmittelbar innerhalb der eigenen Organisation, bis in die Zentren der kirchlichen Hierarchien hinein. Gottes Widersacher sind in die Kirche eingedrungen, sie zersetzen sie von innen heraus und arbeiten aktiv an ihrer restlosen Vernichtung und Auslöschung!

In unseren Tagen werden die christlichen Lehren von der Kirche selbst relativiert, die göttlichen Offenbarungen werden infrage gestellt, die kirchlichen Traditionen werden abgeschafft. Die heiligen Sakramente werden profaniert und umgedeutet. Die gesamte transzendente Anbindung der Kirche und des sakralen Geschehens an Gott und an Gottes jenseitige Welt, wird ignoriert oder verleugnet. So tritt Gott in den Hintergrund und stattdessen werden der Mensch und die Welt ins Zentrum der Aufmerksamkeit gestellt. Das ist eine vollständige Umkehrung der wahren Gegebenheiten. Denn nicht uns selbst und nicht Gottes Schöpfung gebühren Ehrerbietung und Dank, sondern Gott, dem Schöpfer von all dem. Stattdessen wird gegenwärtig die von Gott selbst, in Person von Jesus Christus, gegründete Kirche in einen humanistisch und kollektivistisch orientierten Welt-Rettungs-Verein verwandelt. All das hat mit Gott und mit seinen Offenbarungen überhaupt nichts zu tun! Ganz im Gegenteil, all das führt die Menschen aktiv und vorsätzlich in die Dunkelheit, ins satanische Nichts!

Aber! Jesus Christus hat bereits bei der Gründung seiner Kirche gesagt, dass diese bis zum Ende der Zeiten fortbestehen wird. Und tatsächlich gibt es innerhalb der sich selbst zerstörenden Kirche auch heute noch intakte Teile, eine Art Rest-Kirche, in der die ursprüngliche, vollständige christliche Lehre, auf der Grundlage der göttlichen Offenbarungen, unverändert gelebt und aufrechterhalten wird. Diese besonderen kirchlichen Teile stehen in der ewigen katholischen und apostolischen Tradition. Sie praktizieren und lehren den Glauben so, wie er bereits seit dem Beginn dieser Religion, in der Nachfolge ihres Gründers, Jesus Christus, von seiner Kirche praktiziert und gelehrt wird. Wer sich aktiv darum bemüht, findet diese wahre, unverfälschte Kirche z. B. in den Gemeinden der Pius Bruderschaft (FSSPX), aber zum Teil auch in der Petrus Bruderschaft (FSSP) und in anderen kirchlichen Zusammenschlüssen, die sich der Bewahrung der von Gott geoffenbarten, ewigen Wahrheit und der heiligen Tradition verschrieben haben.

Wie wir sehen, ist es gar nicht so schwer, anhand der konkreten historischen Entwicklung der Religionen die dabei aufgetretenen vielfältigen Brüche und Manipulationen zu erkennen und zu durchschauen. Wir müssen nur den Mut haben, unser grundlegendes Wissen über den ewigen Gott und seine unwandelbaren Offenbarungen vorbehaltlos anzuwenden und die Dinge offen beim Namen zu nennen. Wenn wir das tun, dann fallen uns all die nicht zulässigen Abweichungen von der ursprünglich offenbarten Lehre sofort ins Auge.

Wenn wir also aufmerksam sind und unserem eigenen Wissen vertrauen, dann können uns auch die modernen Dämonen nicht täuschen! Denn dann erkennen wir, dass wir uns mit unserem vermeintlichen, gesellschaftlichen und wissenschaftlichen Fortschritt nicht etwa in Richtung einer glorreichen Zukunft bewegen, sondern dass wir uns in Wahrheit mitten auf dem Trümmerfeld der ehemals vom Christentum getragenen Kultur befinden und dass wir den Schutt und die Asche dieser zerstörten christlichen Kultur unter unseren Füßen haben. Das kann auch gar nicht anders sein, weil sowohl der Islam, als auch Luthers Reformierte Kirche und schließlich sogar die moderne Katholische Kirche unserer Tage, überwiegend Häresien, also Irrlehren verbreiten und ihre wahren christlichen Wurzen bewusst und vorsätzlich gekappt haben.

Durch diese Trennung vom eigenen Ursprung sind diese Religionen von den transzendenten Kraftquellen der jenseitigen Welt und damit von Gott abgeschnitten. Und ohne wirkliche Verbindung zu Gott und zur göttlichen Welt können die fragmentarischen und verzerrten religiösen Lehren nicht aus sich selbst heraus fortbestehen. Denn ohne Anbindung an Gott, die Quelle allen Seins, besitzen sie keinerlei kreative Kraft. Stattdessen verhalten sie sich parasitär. Sie benutzen und verbrauchen nur das, was sie bereits vorgefunden haben. Also das, was von der wahren christlichen Kultur, die vor ihnen existierte, geschaffen und aufgebaut worden ist. Und wenn sie diese Errungenschaften der Vergangenheit vollständig aufgezehrt haben und von außen kein weiterer Nachschub zur Verfügung steht, dann sterben diese Irrlehren ab und mit ihnen stirbt auch die weltliche Kultur.

Und was für die abendländische, christliche Kultur gilt, das gilt in ähnlicher Weise auch für die vedische Kultur in Teilen Asiens und auf dem indischen Subkontinent. Die abendländisch-christliche Kultur wurde nacheinander vom Islam, von der Reformation und schließlich von der Selbstzerstörung der römisch-katholischen Kirche geschwächt und in weiten Teilen ausgelöscht. In Asien und Indien wurde die dort vorhandene Hochkultur, die von der vedischen Religion inspiriert und getragen wurde, in einem vergleichbaren Vorgang vernichtet. Hier geschah die Zerstörung der ursprünglichen kulturellen Substanz genau in dem Maße, wie die vedische Religion durch zusätzliche, konkurrierende „Götter" unterminiert wurde (Shivaismus, Shaktismus) und wie sie durch atheistisch-humanistische Lehren (Buddhismus) sowie merkwürdige Alles-ist-Eins-Philosophien (Advaita Vedanta) pervertiert worden ist. Und schließlich wurden auch Teile Asiens und Teile des indischen Subkontinents, zumindest zeitweise, ebenfalls durch eine parasitäre, islamische Herrschaft beeinträchtigt.

Wenn auch zeitlich versetzt, so gibt es dennoch diese überraschenden Parallelen zwischen dem Morgen- und dem Abendland. Denn in beiden Teilen der Welt gab es jeweils eine Hochreligion, die sich auf umfangreiche göttliche Offenbarungen gründet und die schließlich von den antigöttlichen Kräften nahezu vollständig zerstört worden ist. Und parallel zur Zerstörung der religiösen Fundamente, zerfiel, bzw. zerfällt hier wie dort, auch die jeweilige, weltliche Kultur, die ohne das religiöse Fundament, also ohne Verbindung zu Gott, keine ethisch-moralische Orientierung besitzt und über keine transzendente Kraftquelle verfügt.

Und tatsächlich gehen die erstaunlichen Verbindungen zwischen dem Abend- und dem Morgenland sogar noch sehr viel weiter und sie reichen bis in die Gegenwart hinein. Denn als im 18. und 19. Jahrhundert die europäischen Forscher im Gefolge der britischen Ost-Indien-Kompanie nach Asien kamen und dort auf den Buddhismus und den Advaita Vedanta stießen, da waren sie nicht nur sehr überrascht, sondern zugleich hellauf begeistert! Eine Religion ohne Gott, wie der Buddhismus, bzw. eine Religion mit einem nicht personalen, abstrakten und wesenlosen Gott, wie der Advaita Vedanta, das war genau nach dem Geschmack der atheistisch und materialistisch orientierten Europäer. Gerade erst hatte die Wissenschaft in Europa erklärt, dass Gott als Schöpfer der Welt überflüssig ist! Und nun konnten die europäischen Forscher der verhassten christlichen Kirche auch im religiösen Bereich etwas entgegensetzen, das ohne diesen Schöpfergott auskam.

Und genau in diesem Sinne ist dann später auch das Wirken der gebürtigen Russin Helena Blavatsky zu verstehen, die in den 1870er Jahren in New York die Theosophische Gesellschaft gründete. Mit dieser Organisation sowie mit ihren Büchern und Schriften verbreiteten sie und ihre Mitstreiter die s.g. Theosophie, eine okkulte, offen antichristliche Lehre, deren Grundlagen weitestgehend dem Buddhismus und dem Advaita Vedanta entnommen worden sind.

Im Jahr 1893 gab man schließlich dem Hindumönch, Swami Vivekananda, die Gelegenheit, die vedischen Irrlehren des Advaita Vedanta auf der Weltkonferenz der Religionen in Chicago einer breiten Öffentlichkeit zu präsentieren. Die Begeisterung für die von ihm ausgebreiteten Thesen kannte bei den intellektuellen Eliten des Westens kaum Grenzen.

Wenn man sich einmal vergegenwärtigt, dass hier abwegige religiöse Irrlehren aus dem Morgenland, die Gott verleugnen und die der dortigen Religion und Kultur extremen Schaden zugefügt haben, in den Westen transferiert worden sind, um hier, im Abendland, ihr verheerendes Werk fortzusetzen, dann wird das ganze Ausmaß der religiösen, kulturellen und gesellschaftlichen Katastrophe sichtbar. Denn die gesamte westliche New Age Bewegung und wesentliche Teile der modernen Esoterik nehmen in diesem Geschehen ihren Anfang und bauen bis zum heutigen Tag auf diesen Grundlagen auf. Die moderne, außerkirchliche Spiritualität des Westens stellt nicht mehr als eine Mixtur aus alten, heidnischen Kulten, diversen christlichen Häresien und fernöstlichen Einflüssen vom Buddhismus und vom Advaita Vedanta dar.

Aber natürlich wurde nicht nur der Westen vom Osten negativ beeinflusst, ganz im Gegenteil: Die westlichen Händler und Forscher verbreiteten ihre atheistische und materialistische Weltsicht in noch größerem Umfang und mit noch größerer Wirkung in den Ländern Asiens und auf dem indischen Subkontinent. Durch ihre skrupellose, ausschließlich profitorientierte Politik des „teile und herrsche" zerstörten sie dabei wissentlich und willentlich die dort vorhandenen gesellschaftlichen Strukturen. Und zugleich brachte man die gesellschaftlichen Eliten der östlichen Länder zur Aus- und Weiterbildung in den Westen, um sie hier mit einer „aufgeklärten", antireligiösen Weltsicht vertraut zu machen. Wenn diese Personen später in ihren Herkunftsländern verantwortliche Positionen in Politik und Gesellschaft einnahmen, führte dies wiederum zu einem forcierten Niedergang der ursprünglichen Kultur und der religiösen Praxis.

Die gegenseitigen Einflüsse waren demnach geradezu verheerend! Und die Ursache dafür liegt in der Tatsache begründet, dass sich beide Kulturen, als sie im 17. und 18. Jahrhundert aufeinandertrafen, bereits im fortgeschrittenen Stadium ihres Zerfalls befanden. Im Osten wie im Westen waren die ursprünglichen göttlichen Offenbarungen, die zum Aufbau und zur Ausgestaltung der wahren Religionen und der entsprechenden Kulturen geführt hatten, bereits weitgehend zerstört und in Vergessenheit geraten. Hier wie dort lebte die wahre Religion nur noch in Resten fort. Stattdessen waren in beiden Teilen der Welt diverse parasitäre Irrlehren entstanden, die ihre jeweiligen Kulturen aufzehren und sich nun im Prozess der Zerstörung gegenseitig sogar noch beschleunigen.

Die gesellschaftliche und kulturelle Situation unserer Zeit ist das Ergebnis dieses, nunmehr seit Jahrhunderten andauernden, ungebremsten religiösen und kulturellen Niedergangs. Eine in diesen Tagen (2019) vorgenommene Studie zeigt, dass die überwiegende Mehrheit der Jugendlichen in Europa keinen tieferen Sinn in ihrem Leben erkennen kann! Die Selbstmordrate bei Jugendlichen und jungen Erwachsenen steigt kontinuierlich an! Gibt es eine Steigerung des aktuell herrschenden Relativismus und Nihilismus? Ich denke, eigentlich nicht! Höchstens das vollständige Nicht-Sein! Und damit wären wir dann endgültig im Reich der Dunkelheit, bei Satan und seinen Dämonen. Es ist also fraglich, ob ein weiteres Absinken des Niveaus unserer Kultur überhaupt noch möglich ist? Vielleicht zeigen die immer beliebter werdenden postapokalyptischen Sciencefiction Filme und Videospiele das endgültige Finale dessen, was zurückliegend einmal die Vedische Kultur und die Christliche Kultur genannt wurde.

Gibt es also keine Hoffnung?

Wie man es nimmt! Für unsere Gesellschaften und Kulturen insgesamt gibt es wohl nur wenig realistische Hoffnung! Und für die wahren Religionen wohl auch nicht, zumindest dann nicht, wenn man darunter eine Wiederherstellung der ursprünglich von Gott geoffenbarten Wahrheit in all ihrer Größe und Pracht versteht.

Aber man muss vorsichtig und zurückhaltend sein, wenn es um Prognosen für die Zukunft geht. Zu oft in der Vergangenheit wähnte man sich bereits am Abgrund und sah das Ende der Zeiten in greifbarer Nähe. Möglicherweise ist es die bekannte Eigenschaft des Menschen, sich selbst und die gegenwärtigen Umstände besonders wichtig zu nehmen, die zu solchen Fehleinschätzungen führt. Denn auch wenn die Gegenwart noch so finster erscheint, wir wissen nicht wirklich, in welcher weltgeschichtlichen Situation wir uns gerade jetzt befinden.

Und was sagen die religiösen Vorhersagen über die Zukunft aus? Über den Zukunftsverlauf sagen sie wenig, aber sie sagen etwas über das Ende der Zeiten. Sowohl in der vedischen Religion als auch beim Christentum, ist die Rede davon, dass zum Ende des irdischen Geschehens Gott erneut als Person in unserer Welt erscheinen wird. So sagt es die Bibel und in ähnlicher Weise sagen es auch die vedischen Schriften.

Jesus Christus selbst hat seine Wiederkehr gegenüber den Aposteln angekündigt und ebenso haben es die Engel verkündet, die zugegen waren, als er unserer Welt verlassen hat. Und es wurde außerdem erklärt, dass bei seiner Rückkehr jeder den angemessenen Lohn für seine Taten erhält.

Parallel erscheint gemäß der vedischen Offenbarung der eine allumfassende Gott, Vishnu, zum Ende unseres Zeitalters in einer Inkarnation als Kalki auf unserer Erde. Und von Kalki wird gesagt, dass er alles Negative auf der Welt vernichten wird.

Die Stunde der Wahrheit kommt also sicher auf uns zu. Auf jeden von uns. Zuerst einmal direkt nach unserem Tod, wenn wir über unser Leben Rechenschaft abgeben müssen. Und noch einmal kollektiv für uns alle, beim öffentlichen Gericht, am Ende der Zeiten. Nur wann genau das eine und das andere eintritt, das wissen wir nicht.

Was uns bis dahin bleibt, ist unsere innere und äußere Hinwendung zu Gott. Unsere Bereitschaft ihm zu dienen und ihn zu ehren. Und unser aufrichtiger Versuch, ihn zu lieben und seinen Geboten nach bestem Wissen und Vermögen zu folgen. Viel mehr können wir nicht tun. Und viel mehr erwartet Gott wohl auch nicht von uns.

Und ein guter Anfang könnte darin bestehen, dass wir uns den religiösen Grundlagen unserer christlichen Kultur zuwenden. Die von Jesus Christus gegründete Kirche hat im 4. Jahrhundert das nachfolgende Glaubensbekenntnis formuliert, das bis heute Gültigkeit hat:

Wir glauben an den einen Gott, den Vater, den Allmächtigen, der alles geschaffen hat, Himmel und Erde, die sichtbare und die unsichtbare Welt.

Und an den einen Herrn Jesus Christus, Gottes eingeborenen Sohn, aus dem Vater geboren vor aller Zeit: Gott von Gott, Licht von Licht, wahrer Gott vom wahren Gott, gezeugt, nicht geschaffen, eines Wesens mit dem Vater, durch ihn ist alles geschaffen.

Für uns Menschen und zu unserem Heil ist er vom Himmel gekommen, hat Fleisch angenommen durch den Heiligen Geist von der Jungfrau Maria und ist Mensch geworden.

Er wurde für uns gekreuzigt unter Pontius Pilatus, hat gelitten und ist begraben worden, ist am dritten Tag auferstanden nach der Schrift und aufgefahren in den Himmel.

Er sitzt zur Rechten des Vaters und wird wiederkommen in Herrlichkeit, zu richten die Lebenden und die Toten; seiner Herrschaft wird kein Ende sein.

Wir glauben an den Heiligen Geist, der Herr ist und lebendig macht, der aus dem Vater und dem Sohn hervorgeht, der mit dem Vater und dem Sohn angebetet und verherrlicht wird, der gesprochen hat durch die Propheten.

Und an die eine, heilige, katholische und apostolische Kirche. Wir bekennen die eine Taufe zur Vergebung der Sünden. Wir erwarten die Auferstehung der Toten und das Leben der kommenden Welt.

Amen.

Unsere Einmaligkeit betrifft die Ganzheit unserer Geistseele. In jedem Denkakt bin ich einmalig. In jedem Liebesakt bin ich einmalig. In jedem Willensentschluss bin ich einmalig. Und ich habe deshalb eine einmalige persönliche Antwort an den Schöpfer zu geben. Der mich in dieser Einmaligkeit gemacht hat. Der auf meine Antwort wartet, nicht nur auf die generelle Antwort des Gottesvolkes.

(Prof. Dr. Alma v. Stockhausen, 1927, Philosophin, Theologin)

Literaturverzeichnis

Die nachstehende Literaturliste gibt die Veröffentlichungen nach inhaltlichen und sachlichen Zusammenhängen grob geordnet wieder. Die dabei entstandene Reihenfolge der Werke und Autoren ist zufällig und beinhaltet keine Wertung. Die Zusammenstellung beansprucht weder inhaltliche noch sonstige Vollständigkeit. Die Auflistung der Werke bedeutet nicht, dass in allen Fällen eine Übereinstimmung mit deren Inhalten und Aussagen gegeben ist.

Sinn und Zweck des Literaturverzeichnisses ist es, einen groben Überblick über einige der theoretischen Grundlagen zu geben, die zu den Schlussfolgerungen und Überzeugungen geführt haben, die in diesem Buch dargestellt sind.

Geist-Seele-Körper / Leben nach dem Tod

Moody, Raymond A.: Leben nach dem Tod / Die Erforschung einer unerklärlichen Erfahrung - Rowohlt Taschenbuch Verlag
Radke, Gertraude: Das Leben nach dem Tod aus der Sicht Emanuel Swedenborgs - Aquamarin Verlag
Wilber, Ken: Mut und Gnade / Die Geschichte einer großen Liebe / Das Leben und Sterben der Treya Wilber - Fischer Taschenbuch Verlag
Divyanand, Soami: Das Mysterium von Leben und Tod - Divyanand Verlags-GmbH
Kübler-Ross, Elisabeth: Über den Tod und das Leben danach - Silberschnur Verlag

Kalweit, Holger: Platons Totenbuch / Eros, Seelenenergie und Leben nach dem Leben - Eminent Verlag

Kalweit, Holger: Liebe und Tod / Vom Umgang mit dem Sterben - Koha Verlag GmbH

Kalweit, Holger: Der Stoff aus dem die Seele ist / Meine Suche nach dem Lichtkörper und die Geburt der Plasmapsychologie - Koha Verlag GmbH

Jakoby, Bernard: Wir sterben nie / Was wir heute über das Jenseits wissen können - Rowohlt Taschenbuch Verlag

Hemleben, Johannes: Jenseits Ideen der Menschheit / Über das Leben nach dem Tode - Urachhaus Verlag

Sogyal Rinponche: Das Tibetische Buch vom Leben und vom Sterben / Ein Schlüssel zum tieferen Verständnis von Leben und Tod - Fischer Taschenbuch Verlag

Steiner, Rudolf: Der Kreislauf des Menschen innerhalb der Sinnes-, Seelen- und Geistwelt / Das Leben nach dem Tode - eine Tatsache der Wirklichkeit - Phil.Anthropol.Verlag

Lütge, Lothar-Rüdiger: Strahlendes Licht / Tagebuch einer Reinkarnationsrückführung - BoD Verlag

Peick, Petra Angelika: Wiedergeburt / Eine Reise in frühere Erdenleben - BoD Verlag

Leadbeater, Charles W.: Das Leben nach dem Tode - Verlag Irene Huber

Kriele, Alexa / Jakoby, Bernard: Mit den Engeln über die Schwelle des Jenseits – Ullstein Verlag

Stearn, Jess: Taylor Cadwell und das Jenseits / Die Geschichte eines parapsychologischen Experiments – Paul Neff Verlag

Scherer, Georg: Der Tod ist nicht das Ende. Philosophische Argumente – IBK (Herausgeber)

White Eagle: Vom Leben nach dem Leben – The White Eagle Publishing Trust

Ford, Arthur: Bericht vom Leben nach dem Tode – Droemersche Verlagsanstalt Th. Kauer Nachf.

Weirauch Wolfgang, u.a.: Nah-Todeserfahrungen / Rückkehr zum Leben - Flensburger Hefte Verlag

Lorber, Jakob: Jenseits der Schwelle / Sterbeszenen – Lorber Verlag

Zluhan, Hanna: Auferstehung und ewiges Leben im Reich Gottes – Lorber Verlag

Steinpach, Dr. Richard: Wieso wir nach dem Tode leben – Weirauch Verlag und Buchversand

Imhof, Beat: Wie auf Erden so im Himmel / Wie das Leben als Mensch das Leben im Jenseits bestimmt – Aquamarin Verlag

Long, Dr. Jeffrey: Beweise für ein Leben nach dem Tod – Goldmann Verlag

Stolp, Hans / Van den Brink, Margarete: Begegnungen im Lichtreich – Aquamarin Verlag

Lees, Robert James: Reise in die Unsterblichkeit / Band 1: Das Leben jenseits der Nebelwand – Drei Eichen Verlag

Lees, Robert James: Reise in die Unsterblichkeit / Band 2: Das Elysische Leben, Vor dem Himmelstor – Drei Eichen Verlag

Passian, Rudolf: Der verhängnisvollste Irrtum unserer Zeit / Nach dem Tod ist es nicht aus und vorbei, im Gegenteil! – Amadeus Verlag

Brinkley, Dannion: Geborgen im Licht / Die wahre Geschichte eines Mannes der zweimal starb – Knaur Verlag

Saylor Farr, Sidney: Tom Sawyers Nah-Todeserfahrungen und die Wandlung seines Lebens – Flensburger Hefte Verlag

Bäzner, Erhard: Wo sind unsere Toten? Sehen wir uns wieder? / Eine Abhandlung über Tod und Wiederverkörperung – Drei Eichen Verlag

Bo Yin Ra: Das Buch vom Jenseits – Kober Verlag

Alexander, Dr. med. Eben: Blick in die Ewigkeit / Die faszinierende Nahtoderfahrung eines Neurochirurgen – Ansata Verlag

Alexander, Dr. med. Eben: Vermessung der Ewigkeit / Sieben fundamentale Erkenntnisse über das Leben nach dem Tod – Ansata Verlag

Xavier, Francisco Candido: Unser Heim / Das Leben in der spirituellen Welt – Edicei Europe

Dahlke, Ruediger: Von der großen Verwandlung / Wir sterben und werden weiterleben – Goldmann Verlag

Hollerbach, Dr. med. Lothar: Es gibt keinen Tod / Warum wir unsterblich sind – Ullstein Verlag

Fortune, Dion: Durch die Tore des Todes ins Licht – Smaragd Verlag

Kagan, Ammie: Das zweite Leben des Billy Fingers / Wie mein Bruder mir aus dem Jenseits bewies, dass es nach dem Tod weitergeht - Ansata Verlag

Theillier, Patrick: Beeindruckende Nahtod-Erfahrungen / Zeichen des Himmels – Media Maria Verlag

von Brück, Michael: Ewiges Leben oder Wiedergeburt? / Sterben, Tod und Jenseitshoffnung in europäischen und asiatischen Kulturen – Herder Verlag

Berger , Klaus: Was kommt nach dem Tod? – Bernardus Verlag

Stolp, Hans: Der Weg ins Jenseits – Aquamarin Verlag

Eadie, Betty J.: Licht am Ende des Lebens / Bericht einer außergewöhnlichen Nahtoderfahrung – Knaur Verlag

Heyden, Martin: Auf der Suche nach der Ewigkeit / Die Entdeckung der jenseitigen Welten – Irene Heyden Verlag

Atwater, P.M.H.: Im Tod das Leben / Gotteserkenntnis in der Nahtoderfahrung – Mosquito Verlag

Viseux, Dominique: Du lebst auch im Jenseits / Das Leben nach dem Tod in den großen Kulturen – Edition Pleroma

Fischinger, Lars A.: Der Tod, Irrtum der Menschheit? – E-book

Rulof, Jozef: Ein Blick ins Jenseits – Stichting Geestelijk-Wetenschappelijk Genootschap „De Eeuw von Christus"

Harrison, Tom: Leben nach dem Tod / Der Schlüssige Beweis – Saturday Night Press Publications

Lautenschläger, Marita E.: Niemals geht man für immer / Die Liebe endet nie! – Kindle E-book

van Praagh, James: Jenseits-Botschaften / Die gesitige Welt und das Leben nach dem Tode – Goldmann Verlag

Kessler, David: Am Ende ist da nur Freude – Goldmann Verlag

Atkinson, William Walker: Die Astralwelt / Reisen durch die feinstofflichen Welten – Aurinia Verlag

Simm, Hans-Joachim: Und ich sah einen neuen Himmel / Jenseitsvorstellungen in den Religionen der Welt – Patmos Verlag

Miller, J. Steve: Erkundung der Ewigkeit / Was Nahtoderfahrungen über die Existenz Gottes und ein Leben nach dem Tod aussagen – Heyne Verlag

Brunner, Beatrice: Was uns erwartet / Zwölf Erlebnisberichte aus dem Jenseits – ABZ Verlag

Hinz, Walter: Geborgenheit / Vom Leben nach dem Tod / Ursachen der Menschwerdung und der Wiedergeburt – ABZ Verlag

Moody, Raymond / Perry, Paul: Zusammen im Licht – Goldmann Verlag

Hinduismus

Bedürftig, Friedemann: Hinduismus / Geschichte und Gegenwart - Honos Verlag

Waterstone, Richard: Indien / Götter und Kosmos, Karma und Erleuchtung, Meditation und Yoga - Taschen Verlag

Stutley, Margaret: Was ist Hinduismus? / Eine Einführung in die große Weltreligion - O.W. Barth Verlag

Schreiner, Peter: Der Hinduismus / Im Mondschein öffnet sich der Lotus - Patmos Verlag

Stutley, Margaret: Hinduismus / Eine Einführung in die große Weltreligion - Wilhelm Heyne Verlag

Shattuck, Cybelle: Hinduismus - Herder Verlag

Küng, Hans: Christentum und Weltreligionen / Hinduismus - Piper Verlag

Gandhi Mahatma: Was ist Hinduismus? - Insel Verlag

Knappert, Jan: Lexikon der Indischen Mythologie / Mythen, Sagen und Legenden von A - Z - Seehamer Verlag

Jansen, Eva Rudy: Die Bildersprache des Hinduismus / Göttinnen und Götter, Erscheinungsformen und Bedeutungen - Verlag Binkey Kok

Kinsley, David: Die indischen Göttinnen - Insel Verlag

Pattanaik, Devdutt: Frauen in indischen Mythen / Die fünf Gesichter der ewigen Weiblichkeit - Arun Verlag

Schumann, Hans Wolfgang: Die großen Götter Indiens / Grundzüge von Hinduismus und Buddhismus - Eugen Diederichs Verlag

Housden, Roger: Geheimes heiliges Indien / Ein Führer zu den Mysterien des Subkontinents - Bastei Verlag

Zimmer, Heinrich: Philosophie und Religion Indiens - Suhrkamp Verlag

Bandyopadhyay, Jayanta: Mystik und Freude / Hinduistische Weisheit und die Freude am Leben - Sphinx Verlag

Tyabji, Raihana: Das Herz einer Gopi - East-West Publications

Schleberger, Eckard: Die indische Götterwelt / Gestalt, Ausdruck und Sinnbild / Ein Handbuch der hinduistischen Ikonographie - Eugen Diederichs Verlag

Abt, Otto: Das Mahabharata / Von Liebe und Macht - Horlemann Verlag

Abt, Otto: Das Ramayana / Botschaft der Hoffnung und Freude   - Horlemann Verlag

Eidlitz, Walter: Der Glaube und die Heiligen Schriften der Inder – Walter-Verlag

Eidlitz, Walter: Die Indische Gottesliebe – Walter-Verlag

Eidlitz, Walter: Bhakta / Eine indische Odyssee – The Vrindaban Institute For Vishnava Studies And Culture

Eidlitz, Walter: Der Sinn des Lebens - The Vrindaban Institute For Vishnava Studies And Culture

Kaderli, Francis: Gaurangas Bhakti-Lehre / Die Liebe des Selbst zum höchsten Brahman – BoD Verlag

Madhura Madhava Dasa: Impressionen eines Pilgers – Ancient Mail Verlag

Sri Shrimad Bhaktivedanta Narayana Maharaja: Begegnung mit der Wirklichkeit – Gaudia Vedanta Publications

Sri Shrimad Bhaktivedanta Narayana Maharaja: Mehr als schöne Worte / Indiens alte Schriften eröffnen neue Perspektiven – Vedischer Kulturverein

Wolf-Dieter Storl: Wanderung zur Quelle / Geschichten von Shiva und Parvati – KOHA-Verlag

Steven J. Rosen: Der verborgene Schatz Indiens - Bhaktivedanta Book Trust

Satsvarupa Dasa Goswami: Die vedische Literatur in ihrem eigenen Licht - Bhaktivedanta Book Trust

Scholz, Werner: Schnellkurs Hinduismus – DuMont Verlag

Huchzermeyer; Wilfried: Sanskrit-Sprache / Mantra, Yoga, Linguistik – Verlag W. Huchzermeyer

Paramahamsa Prajnanananda: Nava Durga / Multiple Forms Of The Mother – Graphic Art Offset Press

Wesemann, Eberhard: Die schönsten indischen Märchen – Insel Verlag
Diederichs, Ulf: Indische Märchen – DTV
Richter-Ushanas, Egbert: Das Buch des Waldes / Indische Sagen und Mythen – Buchwerkstatt ER
Huchzermeyer, Wilfried: Yogis, Yoginis und Asketen im Mahabharata – Verlag W. Huchzermeyer
Hemenway, Priya: Götter der Hindus – Taschen Verlag
Rau, Heimo: Stilgeschichte der Indischen Kunst / Band 1 + 2 – Akademische Druck- u. Verlagsanstalt
Calasso, Roberto: Ka (Indische Mythologie) – Suhrkamp Verlag

Östliche Lehre und Philosophie

Glasenapp von, Helmut: Indische Geisteswelt (Band I + II) / Glaube, Dichtung und Wissenschaft der Hindus - Emil Vollmer Verlag
Zimmer, Heinrich: Indische Mythen und Symbole / Vishnu, Shiva und das Rad der Wiedergeburten - Eugen Diederichs Verlag
Easwaran, Eknath: Die Upanishaden - Goldmann Arkana
Easwaran, Eknath: Die Essenz der Upanishaden / Was passiert, wenn ich sterbe? - Goldmann Arkana
Chinmoy Sri: Veden, Upanishaden, Bhagavadgita / Die drei Äste am Lebensbaum Indiens - Dietrichs Gelbe Reihe
Zimmer, Heinrich: Der Weg zum Selbst / Lehre und Leben des Shi Ramana Maharshi - Dietrichs Gelbe Reihe

Nayak, Anand: Die innere Welt des Tantra - Eine Einführung   Herder Verlag

Wilzbach, Erich: Tripura Rahasya / Die geheime Botschaft der Göttin Tripura / Der Weg der Befreiung nach den Weisheitslehren des Advaita Vedanta - Ansata Verlag

Mylius Klaus: Die Bhagavadgita - Dt. Taschenbuch Verlag

Hawley Jack: Bhagavadgita - Das heilige Buch des Hinduismus / Eine zeitgemäße Version für westliche Leser - Goldmann Arkana

Aurobindo, Sri: Die Bhagavadgita - Herder Verlag

Wilhelm, Richard: I Ging - Das Buch der Wandlungen - Eugen Diederichs Verlag

Yüan-Kuang: I Ging / Das Buch der Chinesischen Weissagung - O.W. Barth Verlag

Al Huang, Chunglian: Tai Ji / In der Bewegung zu Harmonie und Lebensfreude finden. - Gräfe u. Unzer Verlag

Swami Prabhupada: Leben kommt von Leben / Die wissenschaftliche Grundlage des Krsna-Bewusstseins - Bhaktivedanta Book Trust

Swami Prabhupada: Bhagavad-Gita wie sie ist - Bhaktivedanta Book Trust

Swami Prabhupada: Jenseits von Raum und Zeil - Bhaktivedanta Book Trust

Swami Prabhupada: Christus, Krischto, Krsna - Bhaktivedanta Book Trust

Swami Prabhupada: Sri Isopanisad - Bhaktivedanta Book Trust

Swami Prabhupada: Bhakti / Der Wandel im Herzen - Bhaktivedanta Book Trust

Swami Prabhupada: Die Lehren Sri Caitanyas - Bhaktivedanta Book Trust

Swami Prabhupada: Krsna – Die Quelle aller Freude Band 1 - Bhaktivedanta Book Trust

Swami Prabhupada: Krsna – Die Quelle aller Freude Band 2 - Bhaktivedanta Book Trust

Swami Prabhupada: Die Lehren Sri Kapilas / Der Sohn Devahutis - Bhaktivedanta Book Trust

Swami Prabhupada: Die Lehren Königin Kuntis - Bhaktivedanta Book Trust

Swami Prabhupada: Die Schönheit des Selbst - Bhaktivedanta Book Trust

Swami Prabhupada: Im Angesicht des Todes / Das Geheimnis der Reinkarnation - Bhaktivedanta Book Trust

Swami Prabhupada: Bhakti-Yoga / Der Pfad des spirituellen Lebens - Bhaktivedanta Book Trust

Swami Prabhupada: Bewusste Freude - Bhaktivedanta Book Trust

Swami Prabhupada: Krsna-Dvaipayana-Vyasa: Srimad Bhagavatam, Erster bis Neunter Canto - Bhaktivedanta Book Trust

Swami Prabhupada: Die Schönheit des Selbst - Bhaktivedanta Book Trust

Swami Prabhupada / Cohen, Bob: Vollkommene Fragen – Vollkommene Antworten - Bhaktivedanta Book Trust

Satsvarupa Dasa Goswami: Prabhupada / Der Mensch, Der Weise, Sein Leben, Sein Vermächtnis - Bhaktivedanta Book Trust

Nagel, Stephan: Raja Yoga Meditation / Der edle Pfad der Selbstentfaltung - Humata Verlag Harold S. Blume

Sri Dharma Pravartaka Acharya: Sanatana Dharma / The Eternal Natural Way – Dharma Sun Media

Lütge, Lothar-Rüdiger : Einführung in den Vedanta / Ausgewählte Texte von Sri Dharma Pravartaka Acharya – BoD Verlag

Philosophische Weltbilder

Risi, Armin: Gott und die Götter / Der Multidimensionale Kosmos. Bd.1 / Das Mysterienwissen der vedischen Hochkultur - Govinda-Verlag
Risi, Armin: Unsichtbare Welten / Der Multidimensionale Kosmos. Bd.2 / Kosmische Hierarchien und die Bedeutung des menschlichen Lebens - Govinda-Verlag
Risi, Armin: Machtwechsel auf der Erde / Der Multidimensionale Kosmos. Bd.3 / Die Pläne der Mächtigen, globale Entscheidungen und die Wendezeit - Wilhelm Heyne Verlag
Risi, Armin: Das Kosmische Erbe / Einweihung in die Geheimnisse unserer Her- und Zukunft – Govinda-Verlag
Risi, Armin: Der radikale Mittelweg / Überwindung von Atheismus und Monotheismus – Kopp Verlag
Risi, Armin: Ganzheitliche Spiritualität / Theistische Mysterienschule Band 1 – Govinda-Verlag
Risi, Armin: Einheit im Licht der Ganzheit / Theistische Mysterienschule Band 2 – Govinda-Verlag
Risi, Armin: Licht wirft keinen Schatten / Ein spirituell-philosophisches Handbuch – Govinda-Verlag
Risi, Armin: Ihr seid Lichtwesen / Ursprung und Geschichte der Menschen – Govinda-Verlag
Besant, Annie: Uralte Weisheit / Eine Einführung in das Theosophische Weltbild - Aquamarin Verlag

Flemming, Beatrice: Das Theosophische Weltbild Bd.1 / Fundamente des Urwissens in alle Zeiten und Ländern - Aquamarin Verlag

Flemming, Beatrice: Das Theosophische Weltbild Bd.2 / Esoterische Wissenschaft, Forschung und Philospohie - Aquamarin Verlag

Flemming, Beatrice: Das Theosophische Weltbild Bd.3 / Religion, Ethik, Kunst - Aquamarin Verlag

Capra, Fritjof: Wendezeit / Bausteine für ein neues Weltbild - Dt. Taschenbuchverlag

Ferguson, Marilyn: Die sanfte Verschwörung / Persönliche und Gesellschaftliche Transformation im Zeitalter des Wassermanns - Knaur Verlag

Charon Jean E.: Der Geist der Materie / Ullstein Verlag

Klein, Nicolaus: Das senkrechte Weltbild / Symbolisches Denken in Astrologischen Urpeinzipien - Wilhelm Heyne Verlag

Klein, Nicolaus: Der wunderbare Kreis / Gedanken zur Evolution auf der Basis des astrologischen Häusersystems - Hugendubel Verlag

Dieter Broers: Der verratene Himmel / Rückkehr nach Eden – Verlag New Trinity Media Ltd.

Cremo, Michael A., Thompson, Richard L.: Verbotene Archäologie / Die verborgene Geschichte der menschlichen Rasse – Kopp Verlag

Kalweit, Holger: Irrstern über Atlantis / Die Trilogie der Drachen, Band 1 – J.K. Fischer Verlag

Kalweit, Holger: Herrscht eine Echsenrasse über die Erde? / Die Trilogie der Drachen, Band 2 – J.K. Fischer Verlag

Kalweit, Holger: Die Diktatur der Drachen / Die Trilogie der Drachen, Band 3 – J.K. Fischer Verlag

Paul Ferrini: Denn Christus lebt in jedem von Euch – Aurum J. Kamphausen Mediengruppe
Quarch, Christoph: Eros und Harmonie / Eine Philosophie der Glückseligkeit – Herder Verlag
Griffiths, Bede / Ropers, Roland R.: Eine Welt, Eine Menschheit, Eine Religion – Sheema Medien Verlag
Correa de Oliveira, Plinio: Revolution und Gegenrevolution – TFP Deutschland e.V.
Tetens, Holm: Gott denken / Versuch über rationale Theologie – Reclam Verlag
Icke, David: Unendliche Liebe ist die einzige Wahrheit. Alles andere ist Illusion / Die Entlarvung der Traumwelt, die wir für wirklich halten. – Mosquito Verlag

Spirituelle Lehren und Lehrer

Divyanand, Soami: Der Weg durch Feuer und Wasser - Divyanand Verlags-GmbH
Ramakrishna: Ein Werkzeug Gottes sein / Gespräche mit seinen Schülern - Beinziger Verlag
Swami Rama: Unter Meistern im Himalaya / Autobiographie - Goldmann Arkana
Anandamayi Ma: Matri Satsang Band 1 / Erkenne dein Selbst - Mangalam Verlag
Anandamayi Ma: Matri Satsang Band 2 / Glückseligkeit und Erleuchtung - Mangalam Verlag
Kriyananda: So spricht Yogananda / Worte des großen Yogi über den Weg und das Wesen der Selbstverwirklichung - O.W. Barth Verlag
Yogananda, Paramahamsa: Autobiographie eines Yogi - O.W. Barth Verlag

Hariharannada, Swami: Kriya Yoga / Einführung in den geistigen Weg Sri Yukteswars und Paramahansa Yoganada - Hugendubel Verlag

Yukteshwar, Swami: Die Heilige Wissenschaft - O.W. Barth Verlag

Amritanadamayi, Mata: Gespräche mit Amma / Die Lehren der Heiligen Mutter - Ansata Verlag

Bess, Savitri L.: Der Weg der Mutter - Arbor Verlag

Cornell, Judith: Amma / Das Leben umarmen - Theseus Verlag

Adilakshmi: Die Mutter (Mutter Meera) / Ihr Leben und Ihre Erfahrungen - Adilakshmi Verlag

Mutter Meera: Antworten Teil 1 + 2 - Adilakshmi Verlag

Sri Aurobindo: Die Mutter - Patmos Verlag

Wilzbach, Erich: Ramana Maharshi / Gespräche des Weisen vom Berge Arunachala - Ansata Verlag

Godman, David: Ramana Maharshi / Sei, was du bist! - O.W. Barth Verlag

Cornelssen, Lucy: Sri Ramana Maharshi / Die Suche nach dem Selbst - Ansata Verlag

Lord Mikaal, Die Winde der Wahrheit Bd. I+II - Ernst Wunder Verlag

ABD-RU-SHIN: Im Lichte der Wahrheit / Gralsbotschaft Bd. I-III - Verlag Stiftung Gralsbotschaft

Krishnamurti, Jiddu: Leben! - Fischer Taschenbuch Verlag

Krishnamurti, Jiddu: Jenseits der Gewalt - Fischer Taschenbuch Verlag

Rajagopal, D.: Jiddu Krishnamurti / Antworten auf die Fragen des Lebens - Hermann Bauer Verlag

Lutens, Mary: Krishnamurti / Die Biographie - Aquamarin Verlag

Shree Rajneesh, Das Buch der Geheimnisse - Wilhelm Heyne Verlag

St. Germain: Die 33 Reden der ICH-BIN-Lehre Bd.I (Rede 1-15) + Bd.2 (Rede 15-33) Saint Germain Verlag

Tetzlaff, Irene: Der Graf von St. Germain / Licht in der Finsternis - J.Ch.Mellinger Verlag

Creme, Benjamin: Maitreya, Christus und die Meister der Weisheit - Edition Tetraeder

Dilip Kumar Roy – Indira Devi: Autobiografie zweier Yogis – Aurinia Verlag

Radhanath Swami : Journey Home / Autobiografie eines amerikanischen Yogi – Hans-Nietsch-Verlag

Osborne, Arthur: Ramana Maharshi and the Path of Self Knowledge – Sri Ramanasramam

Humphreys, Frank H.: Glimpses of the life and teachings of Bhagavan Sri Ramana Maharshi - Sri Ramanasramam

Erfahrungsberichte

Bruder Amo: Mitteilungen eines Eremiten / Geheimnisse aus einer Schule der Meister Im Hoch-Himalaya - Mangalam Verlag

Rampuri Baba: Unterwegs zu den Wurzeln yogischen Wissens - Sphinx Verlag

Tacke, Annelie: Eremitin im Himalaya / Die Geschichte der Rose Schmitt alias Uma Shankarananda - Herder Verlag

Cooke de Herrera, Nancy: Die Weisen / Meine Begegnungen mit den Meistern Indiens - Aquamarin Verlag

Harvey, Andrew: Der Pfad ins Herz / Eine spirituelle Reise - Rowohlt Taschenbuch Verlag

Spalding, Baird: Leben und Lehren der Meister im Fernen Osten, Bd. 1-3 / Bericht eines Eingeweihten über das Wunder-Wirken des Avatars - Drei Eichen Verlag

Spalding, Baird: Leben und Lehren der Meister im Fernen Osten, Bd. 4 / Unterweisungen, Indische Reisebriefe - Drei Eichen Verlag

Spalding, Baird: Leben und Lehren der Meister im Fernen Osten, Bd. 4+5 / Unterweisungen, Indische Reisebriefe, Menschen, die mit den Meistern gingen - Drei Eichen Verlag

Paramatmananda, Swami: Auf dem Weg zur Freiheit Bd. 1 + 2 - Mata Amritanandamayi Mission Trust

Bahiji: Anandamayi Ma / Wie sie sich mir offenbarte - Mangalam Verlag

Mukerji, Bithika: Matri Lila / Shri Anandamayi Ma / Ihr Leben, Ihre Lehre - Mangalam Verlag

Ram Alexander: Der Weg der Göttlichen Mutter / 40 Jahre in Indien mit Anadamayi Ma - Pomaska-Brand Verlag

Maschmann, Melita: Eine ganz gewöhnliche Heilige / Indienfahrt mit der bedeutendsten Hindu-Heiligen der Neuzeit   - Knaur Verlag

Tweedie, Irina: Der Weg durchs Feuer / Tagebuch einer spirituellen Schulung durch einen Sufi-Meister - Ansata Verlag

Brunton, Paul: Von Yogis, Magiern und Fakiren / Begegnungen in Indien - Knaur Verlag

Sacinandana Swami: Der Weg des grossen Abschieds – Gayatri-Verlag

Baker, Esther: Ich war eine buddhistische Nonne / Mein Weg vom Nirvana zu Christus – Brunnen Verlag

Francis, Mother Mary: A Right to be Merry – Ignatius Press

Wachter, Thomas F.: Rückkehr aus der Transzendenz / Eine spirituelle Suche – Kindle E-Book

Praxis/Yoga/Mediation

Peick, Petra Angelika: Der Weg zum Inneren Wissen / Anleitung und Übungen zur Selbstverwirklichung - Silberschnur Verlag

Trine, Ralph Waldo: In Harmonie mit dem Unendlichen - Verlag J. Engelhorn

Bardon, Franz: Der Weg zum wahren Adepten / Ein Lehrgang in zehn Stufen Theorie und Praxis - Hermann Bauer Verlag

Carrington, Patricia: Das große Buch der Meditation - O.W. Barth Verlag

Levey, Joel: Die Kunst der Entspannung, Konzentration und Meditation - Hugendubel Verlag

Rieker, Hans-Ulrich: Meditation Übungen zur Selbstgestaltung - Rascher Verlag

Davis, Roy Eugen: Die Macht der Seele / Erlebte Wirklichkeit - Baum Verlag

Bäumer Bettina: Patanjali / Die Wurzeln des Yoga / Die Yoga Sutren des Patanjali - O.W. Barth Verlag

Krishna, Gopi: Kundalini / Erweckung der geistigen Kraft in Menschen - O.W. Barth Verlag

Pandit M. P.: Kundalini Yoga / Mit ausführlichen Erläuterungen der Chakras - Drei Eichen Verlag

Dürckheim, Karlfried: Der Alltag als Übung - Verlag Hans Huber
Weinfurter, Karl: Der Königsweg / Der goldene Pfad der praktischen Mystik - Hermann Bauer Verlag
Lütge, Lothar-Rüdiger: Kundalini / Die Erweckung der Lebenskraft / Theorie und Praxis des Kundalini Yoga - BoD Verlag
Yogi Bhajan: Die Macht des gesprochenen Wortes / Die Unterweisungen des Y.B. – Dr. Splittstoeßer Verlag
Marcus Schmieke – Sacinandana Swami: Mantras / Das große Praxisbuch / Die spirituelle Kraft des Klangs – Hans-Nietsch-Verlag
Swami Kripanada: Kundalini Shakti / Die göttliche Kraft – Siddha Yoga Verlag

Religion/Philosophie/Spiritualität

Huxley, Aldous: Die ewige Philosophie / Philosophia perennis - Hans-Nietsch-Verlag
Cavendish, Richard: Mythologie / Eine illustrierte Weltgeschichte des mythisch-religiösen Denkens - Komet Verlag
Störig, Hans Joachim: Kleine Weltgeschichte der Philosophie, Bd.1+2 - Fischer Taschenbuch Verlag
Parrinder, Geoffrey: Die Religionen der Welt - Ebeling Verlag
Raphael: Initiation in die Philosophie Platons / Die Lehre der Nicht-Dualität durch Sankara und die westliche Philosophie Platons - Verlag Alf Lüchow
Hübscher, Arthur: Platon / Phaidon oder Über die Unsterblichkeit der Seele - Piper Verlag

Kalweit, Holger: Meine Suche nach dem zeitlosen Augenblick - Eminent Verlag

Kierkegaard, Sören: Der Begriff der Angst - Felix Meiner Verlag

Leibnitz G.W.: Fünf Schriften zur Logik der Metaphysik - Philipp Reclam

Aster von, Ernst: Geschichte der Philosophie - Alfred Kröner Verlag

Ayer, A.J.: Die Hauptfragen der Philosophie - Piper Verlag

Schoppenhauer, Arthur: Vom Wesen der Welt / Aufzeichnungen ausgewählt und eingeleitet von Arthur Hübscher - Piper Verlag

Duerr, Hans Peter: Traumzeit / Über die Grenzen zwischen Wildnis und Zivilisation - Syndikat Verlag

Fromm, Erich: Haben oder Sein / Die seelischen Grundlagen einer neuen Gesellschaft - Dt. Taschenbuch Verlag

Fromm, Erich: Psychoanalyse und Religion - Goldmann Verlag

Fromm, Erich: Die Kunst des Liebens - Ullstein Verlag

Dürckheim, Karlfried: Vom doppelten Ursprung des Menschen - Herder Verlag

Wilber, Ken: Wege zum Selbst / Östliche und westliche Ansätze zu persönlichem Wachstum - Goldmann Verlag

Quint, Josef: Meister Eckhart / Deutsche Predigten und Traktate - Diogenes Verlag

Schmidt, K.O.: Meister Eckeharts Weg zum Kosmischen Bewusstsein - Drei Eichen Verlag

Detlefsen, Thorwald: Schicksal als Chance / Das Urwissen zur Vollkommenheit des Menschen - Goldmann Verlag

Detlefsen, Thorwald: Gut und Böse / Esoterische Texte - Goldmann Verlag

Detlefsen, Thorwald: Ödipus der Rätsellöser / Der Mensch zwischen Schuld und Erlösung   - C. Bertelsmann Verlag

Detlefsen, Thorwald / Dahlke, Rüdiger: Krankheit als Weg / Deutung und Bedeutung der Krankheitsbilder   - C. Bertelsmann Verlag

Dahlke, Ruediger: Krankheit als Symbol / Handbuch der Psychosomatik - C. Bertelsmann Verlag

Schwerin, Hans Edo: Kybalion / Eine Studie über die hermetische Philosophie des alten Ägyptens und Griechenlands - Akasha Verlag

Papus: Die Kabbala - Ansata Verlag

Papus: Die Grundlagen der okkulten Wissenschaft - Ansata Verlag

Vay, Chatharina: Geist, Kraft, Stoff - DöringDruck

Wolfgang Mueller: Über Seele und Gott / Aus den großen Offenbarungen unserer Zeit – Verlag tao.de

Raam, Barjona: Lebendige Religiosität / Das Christentum und der Hinduismus im Licht des globalen spirituellen Erwachens – Pro Business GmbH

Kalweit, Holger: Das Totenbuch der Germanen / Die Edda, Wurzel eines wilden Volkes – Albatros Verlag

Kalweit, Holger: Das Totenbuch der Kelten / Das Bündnis zwischen Anderswelt und Erde – AT Verlag

Kalweit, Holger: Die Welt der Schamanen / Traumzeit und innerer Raum – Schirner Verlag

Berndt, Stephan: Prophezeiungen / Alte Nachricht in neuer Zeit – Reichel Verlag

Langbein, Walter-Jörg: Die Geheimnisse der sieben Weltreligionen / Woran die Menschen glauben – Anaconda Verlag
Rose, Fr. Seraphim: Orthodoxy and the Religion of the Future – Saint Herman of Alaska Brotherhood

Theosophie

Blavatzky, H.P.: Isis Entschleiert Bd.1 Wissenschaft / Ein Meisterschlüssel zu den Geheimnissen alter und neuer Wissenschaft und Theologie - J.J.Couvreur Verlag
Blavatzky, H.P.: Isis Entschleiert Bd.2 Theologie / Ein Meisterschlüssel zu den Geheimnissen alter und neuer Wissenschaft und Theologie - J.J.Couvreur Verlag
Blavatzky, H.P.: Die Geheimlehre Bd.1 Kosmogenesis / Kosmoische Evolution - J.J.Couvreur Verlag
Blavatzky, H.P.: Die Geheimlehre Bd.2 Anthropogenesis / Zwölf Strophen aus dem Buche des Dzyan - J.J.Couvreur Verlag
Blavatzky, H.P.: Die Geheimlehre Bd.3 Esoterik - J.J.Couvreur Verlag
Blavatzky, H.P.: Die Geheimlehre Bd.4 Index - J.J.Couvreur Verlag
Blavatzky, H.P.: Die Stimme der Stille - Verlag Esoterische Philosophie
Blavatzky, H.P.: Der Schlüssel zur Theosophie - Adyar Theosophische Verlagsgesellschaft
Cranston, Silvia: Helena Blavatzky / Begründerin der Modernen Theosophie - Aquamarin Verlag

Wehr, Gerhard: Helena Petrovna Blawatzky / Eine moderne Sphinx - Pforte Verlag

Botheroyd, Sylvia: Helena P. Blavatsky / Eine Einführung in Ihr Leben und Werk - Aquamarin Verlag

Besant, Annie: Eine Studie über das Bewusstsein - Aquamarin Verlag

Leadbeater, Charles W.: Die Astralwelt / Das Leben im Jenseits - Aquamarin Verlag

Leadbeater, Charles W.: Das Höhere Selbst - Aquamarin Verlag

Leadbeater, Charles W.: Das Leben in der geistigen Welt - Aquamarin Verlag

Leadbeater, Charles W.: Unsere unsichtbaren Helfer u. Heilkräfte und Heilende Engel - Verlag Irene Huber

Michel, Peter: Charles W. Leadbeater / Mit den Augen des Geistes / Die Biographie eines großen Eingeweihten - Aquamarin Verlag

Michel, Peter: Karma und Gnade / Über die Versöhnung von Gerechtigkeit und Liebe - Aquamarin Verlag

Michel, Peter: Die Botschafter des Lichts Bd.1 + 2 - Aquamarin Verlag

Dasgupta, S.N.: Indische Mystik - Adyar Theosophische Verlagsgesellschaft

Christentum

Schoeman, Roy H.: Das Heil kommt von den Juden / Gottes Plan für sein Volk – Sankt Ulrich Verlag

Pius X.:Katechismus der katholischen Lehre des hl. Papst Pius X. – Sarto Verlagsbuchhandlung

Erzdiözese Freiburg: Katholischer Katechismus der Bistümer Deutschlands 1955 – Herder Verlag

Deutsche Bischofskonferenz: Katechismus der Katholischen Kirche, Kompendium 2005 – Pattloch Verlag

von Kempen, Thomas: Die Nachfolge Christi – Jazzybee Verlag Jürgen Beck

Arenhoevel, Diego / Deissler, Alfons / Vögtle, Anton: Die Jerusalemer Bibel – Herder Verlag

von Stockhausen, Dr. Alma: Die Inkarnation des Logos als Angelpunkt der Weltgeschichte – Gustav-Siewerth-Akademie

Beer, Theobald: Luthers Theologie - eine Autobiographie – Gustav-Siewerth-Akademie

von Brandenstein-Zeppelin, Abrecht, von Stockhausen, Alma: Luther und die Folgen für die Geistes- und Naturwissenschaften - Gustav-Siewerth-Akademie

März, Claus-Peter: Paulus, Sein Leben, Sein Wirken, Seine Zeit – St. Benno Verlag

Filler, Ulrich: Deine Kirche ist ja wohl das Letzte! / Fakten, Argumente, Standpunkte – Fe-Medienverlag

Langner, Ingo, Schmidberger, Pater Franz: Gott, Kirche, Welt und des Teufels Anteil – Patrimonium Verlag

Harrer, Karl Maria: Wunderbar, Eine Medaille erobert die Welt – Miriam Verlag

Durrer Werner: Siegeszug der Wunderbaren Medaille – Miriam Verlag

Alliende-Luco, P. Joaquin: Der Rosenkranz – Kirche in Not

Bernardo, Antonio: Bernadette schildert die Erscheinungen – Doucet Verlag

Edition Doucet: Lourdes, Bernadette, Die Erscheinungen, Die Wallfahrtsstätten – Doucet Verlag

Soubirous, Bernadette: Notizbuch mit ganz persönlichen Aufzeichnungen – Archives Saeurs de la Charite de Nevers

Gaudron, Matthias, Zaby, Bernhard, Persie, Josef: Die ganze Wahrheit / Eine Darlegung des katholischen Glaubens – Sarto Verlag

Belloc, Hilaire: Die großen Häresien / Der Kampf gegen Europa – Renovamen Verlag

Hesemann, Michael: Paulus von Tarsus / Archäologen auf den Spuren des Völkerapostels – Sankt Ulrich Verlag

Hesemann. Michael: Jesus von Nazareth / Archäologen auf den Spuren des Erlösers – Sankt Ulrich Verlag

Hesemann, Michael: Maria von Nazareth / Geschichte, Archäologie, Legenden – Paulinus Verlag

Hesemann, Michael: Das letzte Geheimnis von Fatima – Kopp Verlag

Rossi, Severo: Fatima, Ort der Hoffnung und des Friedens – Consolata Editora

Machado, Antonio Borelli: Fatima, Botschaft der Tragödie oder der Hoffnung? – DVCK e.V.

de Marchi, Juan: Fatima von Anfang an – Edicoes Missoes Consolata

Alonso, P. Dr. Joachim M. / Kondor, P. Luis: Schwester Lucia spricht über Fatima, Bd. 1 u. 2 – Secretariado dos Pastorinhos

Ketter, Prof. Dr. Peter: Neues Testament – Sarto Verlag

Weigl, A. M.: Aus dem Gebetsschatz der heiligen Kirche – Sankt Grignion Verlag

von Loyola, Ignatius: Die Exerzitien – Johannes Verlag

Lefebvre, Marcel: Offener Brief an die ratlosen Katholiken – Sarto Verlag

von Avila, Teresa: Das Buch meines Lebens – Herder Verlag

Janssen, Heinrich: Die Perlenschnur des Heils / Den Rosenkranz entdecken und beten – Butzon + Berker Verlag

Saberschinsky, Alexander: Einführung in die Feier der Eucharistie / Historisch, Systematisch, Praktisch – Herder Verlag

Spaemann, Robert: Gut und böse – relativ? / Über die Allgemeingültigkeit sittlicher Normen – Informationscentrum Berufe der Kirche

Heine, Susanne / Pawlowsky, Peter: Die christliche Matrix / Eine Entdeckungsreise in unsichtbare Welten – Kösel Verlag

Wallner, P. Karl: Die Eucharistie - St. Benno Verlag

Quarch, Christpoh: Flirten mit Gott / Warum Christsein Sinnlichkeit und Leidenschaft braucht – Pattloch Verlag

Matussek, Matthias: Das katholische Abenteuer / Eine Provokation – Spiegel Buchverlag

Brumlik, Micha: Entstehung des Christentums – Verlagshaus Jacoby + Stuart

Berger, Klaus: Ist Gott Person? / Ein Weg zum Verstehen des christlichen Gottesbildes – Gütersloher Verlagshaus

Lütz, Manfred: Der Skandal der Skandale / Die geheime Geschichte des Christentums – Herder Verlag

Graber, Rudolf: Athanasius und die Kirche unserer Zeit / Hintergründe ihrer Selbstzerstörung – Sarto Verlag

Dyckhoff, Peter: Maria bereitet uns den Weg / Biblische Meditationen über die Gottesmutter – Herder Verlag

Heim, Alfred: Willst Du die Wahrheit und nichts als die Wahrheit wissen? – BoD Verlag

Papst Pius X: Rundschreiben über die Lehre der Modernisten – Sarto Verlag

Kautsky, Karl: Der Ursprung des Christentums, Bd. 1 – 4 – E-Artnow E-book

Buddhismus

Govinda, Anagarika: Der Weg der weißen Wolken / Erlebnisse eines buddhistischen Pilgers in Tibet - Fischer Taschenbuch Verlag

Govinda, Anagarika: Grundlagen tibetischer Mystik / Die geheime Lehre des Großen Mantras - O.W. Barth Verlag

Lauf, Detlef Ingo: Das Erbe Tibets / Wesen und Deutung der Buddhistischen Kunst von Tibet - Kümmerly & Fry Verlag

Gundert, Wilhelm: Bi Yän Lu / Niederschrift von der smaragdenen Felswand Bd. I-III - Carl Hanser Verlag

Reps, Paul: Ohne Worte - ohne Schweigen - O.W. Barth Verlag

Glasenapp von,Helmuth: Reden des Buddha - Philipp Reclam

Zimmer, Heinrich: Yoga und Buddhismus / Indische Sphären - Insel Verlag

Fremantle, Francesca: Das Totenbuch der Tibeter - Eugen Diederichs Verlag
Dalai Lama / Alt, Franz: Der Apel des Dalai Lama an die Welt / Ethik ist wichtiger als Religion – Benevento Publishing

Castaneda / Wissen der Tolteken

Castaneda, Carlos: Die Lehren des Don Juan / Ein Yaki-Weg des Wissens - Fischer Taschenbuch Verlag
Castaneda, Carlos: Eine andere Wirklichkeit / Neue Gespräche mit Don Juan - Fischer Taschenbuch Verlag
Castaneda, Carlos: Reise nach Ixtlan / Die Lehre des Don Juan - Fischer Taschenbuch Verlag
Castaneda, Carlos: Der Ring der Kraft / Don Juan in den Städten - Fischer Taschenbuch Verlag
Castaneda, Carlos: Der zweite Ring der Kraft / Fischer Taschenbuch Verlag
Castaneda, Carlos: Die Kunst des Pirschens / Fischer Taschenbuch Verlag
Castaneda, Carlos: Die Kunst des Träumens / Fischer Taschenbuch Verlag
Castaneda, Carlos: Das Feuer von Innen / Fischer Taschenbuch Verlag
Castaneda, Carlos: Die Kraft der Stille / Neue Lehren des Don Juan - Fischer Taschenbuch Verlag
Castaneda, Carlos: Das Wirken der Unendlichkeit - S. Fischer Verlag
Castaneda, Carlos: Das Rad der Zeit / Das Vermächtnis des Don Juan - Fischer Taschenbuch Verlag

Ulrich, Hans E.: Von Meister Eckardt bis Carlos Castaneda / Reise durch eine andere Wirklichkeit - Fischer Taschenbuch Verlag

Timm, Dennis: Die Wirklichkeit und der Wissende / Studien über Carlos Castaneda - Fischer Taschenbuch Verlag

Claßen, Norbert: Das Wissen der Tolteken / Carlos Castaneda und die Philosophie des Don Juan - Fischer Taschenbuch Verlag

Lütge, Lothar-Rüdiger: Carlos Castaneda und die Lehren des Don Juan - Hermann Bauer Verlag

Müller, Werner: Indianische Welterfahrung - Ullstein Taschenbuch Verlag

Ich habe tausend Sklaven befreit. Ich hätte tausend weitere befreien können, wenn sie nur wüssten, dass sie Sklaven sind.

(Harriet Tubman, 1822 – 1913, amerikanische politische Aktivistin)